Influenze culturali sulla percezio...

pubblicita

.

Nancy Kalogeropoulou

Influenze culturali sulla percezione della standardizzazione della pubblicità

Un caso di studio di P&G sul punto di vista dei consumatori e delle aziende

ScienciaScripts

Imprint

Any brand names and product names mentioned in this book are subject to trademark, brand or patent protection and are trademarks or registered trademarks of their respective holders. The use of brand names, product names, common names, trade names, product descriptions etc. even without a particular marking in this work is in no way to be construed to mean that such names may be regarded as unrestricted in respect of trademark and brand protection legislation and could thus be used by anyone.

Cover image: www.ingimage.com

This book is a translation from the original published under ISBN 978-3-659-85051-6.

Publisher:
Sciencia Scripts
is a trademark of
Dodo Books Indian Ocean Ltd. and OmniScriptum S.R.L publishing group

120 High Road, East Finchley, London, N2 9ED, United Kingdom
Str. Armeneasca 28/1, office 1, Chisinau MD-2012, Republic of Moldova, Europe

ISBN: 978-620-8-32204-5

INDICE DEI CONTENUTI

ABBREVIAZIONI

ANA	Association of National Advertisers
ANOVA	Analysis of Variance
MNC's	Multinational Companies
P&G	Procter & Gamble
SPSS	Statistical Package of Social Sciences

1. INTRODUZIONE

Negli ultimi decenni, la questione della standardizzazione e dell'adattamento sia della ricerca accademica che della pratica pubblicitaria internazionale è stata uno dei principali argomenti di discussione (Backhaus & van Doorn, 2007; Agrawal, 1995). La costante omogeneizzazione dei mercati internazionali ha creato la necessità di applicare schemi di standardizzazione del marketing (Levitt, 1984; Duncan & Ramaprasad, 1995; Backhaus & van Doorn, 2007). Questo approccio consente alle aziende di creare economie di scala, coerenza nell'immagine del marchio globale e una migliore pianificazione e controllo dell'attività (Papavasiliou & Stathakopoulos, 1997; Melewar & Vemmervik, 2004; Harvey, 1993; Douglas & Wind, 1987; Katsikeas et al., 2006; Buzzell, 1968). Tuttavia, molti professionisti e ricercatori dubitano dell'efficacia di questo approccio, sostenendo che gli schemi adattivi sono più efficaci in quanto forniscono una differenziazione di prezzo e un vantaggio differenziale all'azienda per aumentare i profitti (Melewar & Vemmervik, 2004; Shoham, 1995; Onkvisit & Shaw, 1987). Soprattutto nel caso delle normative governative di un Paese, è essenziale applicare un approccio adattivo per conformarsi alle politiche e agli standard di sicurezza del Paese (Zou et al, 1997). Oltre a questi due approcci, ne esiste un terzo che combina l'applicazione sia della standardizzazione che dell'adattamento negli schemi di marketing internazionale. Gli autori di questo punto di vista sostengono che la soluzione ideale per le imprese multinazionali per prosperare e avere successo è quella di implementare ciascuno di essi dove è più necessario, secondo le normative e gli standard di ciascun Paese (Douglas & Wind, 1987; Harvey, 1993; Melewar & Vemmervik, 2004; Onvisit & Shaw 1987; Onkvisit & Shaw, 1999; Ruzevicius & Ruzeviciùté, 2011; 'Theodosiou & Leonidou, 2003).

Nonostante gli sforzi di professionisti e accademici per dare una definizione di standardizzazione, non è stata ancora fornita una spiegazione adeguata o chiara (Alimiene & Ku- vykaite, 2008; Melewar & Vemmervik, 2004; Papavasiliou & Stathakopoulos, 1997). Inoltre, non è stato ancora identificato il grado di standardizzazione che deve essere applicato dai programmi di marketing delle aziende e la misura in cui i consumatori lo percepiscono nei diversi Paesi. Per questo motivo, lo scopo di questa ricerca è quello di identificare e valutare in che misura sia le aziende sia i consumatori percepiscono la standardizzazione e che cosa devono fare le aziende per soddisfare le richieste dei consumatori attraverso la pubblicità. Pertanto, l'esecuzione di questa particolare ricerca può essere un possibile contributo alla teoria della standardizzazione/adattamento, che ha creato un dibattito tra accademici e professionisti per più di quattro decenni (Cavusgil et al, 2005; Katsikeas et al, 2006; Papavasiliou & Stathakopoulos, 1997; Ryans et al, 2003; Schilke et al,

2009; Solberg, 2002).

L'indagine su questo tema sarà utile, in quanto fornirà alcune risposte a ciò che viene percepito come pubblicità standardizzata e in che misura dovrebbe essere applicata per essere efficace per le aziende e allo stesso tempo soddisfare le esigenze dei clienti. Ai fini della ricerca è stato scelto l'esempio dell'azienda globale Procter & Gamble (P&G). In questo modo, ci si concentrerà sulla ricerca dell'azienda stessa e sul feedback dei consumatori per l'appeal delle sue campagne pubblicitarie. Come esempi illustrativi, è stata scelta una combinazione di una campagna TV/internet standardizzata, una pubblicità cartacea standardizzata e tre pubblicità cartacee adattate. Questa distinzione delle pubblicità ha permesso alla ricerca di essere più valida e accurata, in quanto i consumatori potevano facilmente riconoscere la differenza tra quelle standardizzate e quelle adattate. Un ampio studio del caso P&G che combini metodi di ricerca qualitativi e quantitativi ci aiuterà a trovare le risposte alla nostra domanda di ricerca e a raggiungere l'obiettivo di questo studio.

Domanda di ricerca: In che misura la valutazione del grado di standardizzazione delle campagne pubblicitarie dovrebbe tenere conto delle differenze percettive specifiche di ogni paese e in che misura i consumatori di paesi diversi la percepiscono?

Per rispondere a questa domanda di ricerca e comprenderne la complessità, essa è suddivisa nei seguenti obiettivi, ai quali questa ricerca cerca di dare risposta:

Obiettivo 1: Valutare in che misura le aziende possono implementare con successo campagne pubblicitarie standardizzate in base a ogni cultura specifica.

Le due prospettive seguenti (2a, 2b) sono state concepite per scoprire le differenze interculturali tra i tre Paesi esaminati, per quanto riguarda la percezione dei consumatori della pubblicità standardizzata e adattata.

Obiettivo 2a: Misurare le convinzioni e gli atteggiamenti dei consumatori nei confronti delle campagne pubblicitarie standardizzate nei tre diversi Paesi.

Obiettivo 2b: Misurare le convinzioni e gli atteggiamenti dei consumatori nei confronti delle campagne pubblicitarie adattate nei tre diversi Paesi.

Il seguente obiettivo è stato concepito per esaminare se una particolare pubblicità, che si suppone sia standardizzata, influenza i consumatori a valutare le parti che la compongono come più o meno standardizzate.

Obiettivo 3: In che misura le convinzioni dei consumatori sulla campagna pubblicitaria standardizzata di P&G influenzano la loro valutazione di quanto possano essere standardizzati i suoi componenti.

Obiettivo 4: In che misura i loro atteggiamenti generali nei confronti della pubblicità standardizzata influenzano la loro percezione della campagna pubblicitaria standardizzata di P&G.

L'obiettivo quattro è stato specificamente concepito per esaminare se le convinzioni generali dei consumatori in merito alla pubblicità standardizzata influenzino una particolare pubblicità standardizzata.

Il seguente obiettivo vuole esaminare se i consumatori ritengono che una pubblicità abbia successo nelle sue parti che la compongono e quanto queste parti possano essere effettivamente standardizzate.

Obiettivo 5: La misura in cui i consumatori considerano di successo gli elementi della campagna pubblicitaria di P&G influisce sulla misura in cui ritengono che possano essere standardizzati.

L'ultimo obiettivo cerca di capire se i consumatori considerano le persone che agiscono nello spot di successo e se questo li aiuta a sentirsi rappresentati nello spot.

Obiettivo 6: In che misura il successo delle persone utilizzate nella campagna pubblicitaria può influenzare il modo in cui i consumatori possono vedersi riflessi in essa.

Questa ricerca è importante perché finora sono stati condotti pochi studi per esaminare l'efficacia e l'impatto delle campagne pubblicitarie sia per le aziende che per i consumatori, misurando il grado di standardizzazione degli schemi applicati. A differenza degli approcci esistenti, questo studio considera la standardizzazione sia dal punto di vista delle aziende che dei consumatori. Riconosce l'importanza di separare le pubblicità standardizzate da quelle adattive e le possibili differenze percettive specifiche per ogni Paese.

La ricerca segue un flusso coerente per essere completa e spiegata analiticamente. La rassegna della letteratura inizia fornendo alcune idee generali sul marketing internazionale. Nei capitoli successivi, il dibattito sulla standardizzazione e sull'adattamento del marketing internazionale viene valutato criticamente, fornendo gli approcci degli autori e le ragioni per sostenere o argomentare ciascuno di essi. Inoltre, verrà discussa analiticamente la standardizzazione della pubblicità internazionale. Nella sezione successiva, si esamina la comunicazione di marketing internazionale e l'impatto dei fattori culturali. La rassegna della letteratura si conclude fornendo le lacune di conoscenza riscontrate all'interno della letteratura.

In continuità, viene fornita la sezione relativa alla metodologia di ricerca, in cui vengono delineati i metodi di ricerca utilizzati in questo studio e la loro importanza per la validità dello stesso. Si utilizzerà una ricerca qualitativa per esaminare il punto di vista dell'azienda utilizzando dati secondari e un metodo di ricerca quantitativo per indagare il punto di vista dei consumatori raccogliendo dati primari direttamente dai consumatori con l'aiuto di questionari online. Il campione utilizzato è costituito da consumatori di tre diversi Paesi: Stati Uniti, Regno Unito e Grecia.

Dopo la raccolta, i dati saranno analizzati in modo approfondito. Per quanto riguarda il metodo qualitativo, verrà effettuata una ricerca approfondita dell'azienda e delle sue motivazioni per la standardizzazione. Inoltre, si analizzerà la strategia di marketing dell'azienda e, in particolare, la sua strategia pubblicitaria standardizzata. Infine, verrà discussa la campagna pubblicitaria speciale di P&G "Grazie mamma", trasmessa durante il periodo dei Giochi Olimpici.

Per quanto riguarda il metodo quantitativo, l'analisi sarà effettuata con l'uso del programma statistico SPSS, che può essere uno strumento utile per analizzare e categorizzare i risultati dell'indagine in sezioni in base ai loro attributi. Le tabelle SPSS più importanti saranno disponibili e spiegate attentamente in questo studio. Infine, verranno fornite le conclusioni della ricerca e alcune forti raccomandazioni per ulteriori ricerche.

2. REVISIONE DELLA LETTERATURA

Nella sezione seguente verrà presentata una panoramica dell'attuale letteratura sulla standardizzazione e l'adattamento della pubblicità.

2.1. INTRODUZIONE AL MARKETING INTERNAZIONALE

Il mercato globale è dinamico e intricato, poiché porta con sé molti cambiamenti in termini di opportunità e sfide che le aziende devono affrontare. In particolare, negli ultimi due decenni il mercato globale è cambiato in misura notevole (Cavusgil & Ca- vusgil, 2012). Negli ultimi anni, lo sviluppo dei mercati internazionali e l'intensità della concorrenza hanno creato la necessità per le industrie di agire su scala globale nell'applicazione delle loro strategie di marketing. Esistono 5 fasi nell'evoluzione del marketing globale:

Fase 1: *Marketing interno:* Le aziende producono e vendono i loro prodotti all'interno di un Paese. Le attività dell'azienda sono incentrate sul mercato interno e hanno un orientamento "etnocentrico".

Fase 2: *Marketing per l'esportazione:* È la fase fondamentale del marketing, in quanto le aziende iniziano a esportare i loro prodotti in altri Paesi mantenendo la loro prospettiva "etnocentrica", in quanto si basano principalmente sui clienti del Paese d'origine.

Fase 3: *Marketing internazionale:* Le aziende hanno iniziato a creare segmenti di mercato in molti paesi diversi. L'approccio è "policentrico", in quanto le aziende applicano il marketing multidomestico a mercati diversi.

Fase 4: *Marketing multinazionale:* In questa fase l'azienda, avendo una quota di mercato maggiore, applica un approccio "regiocentrico", in quanto non cerca di produrre prodotti diversi per mercati diversi, ma cerca di standardizzare i prodotti in regioni diverse.

Fase 5: *Marketing globale:* È l'ultima fase del processo di evoluzione. L'azienda in questa fase cerca di applicare un prodotto uniforme in modo da soddisfare tutti i segmenti di mercato. Adotta una prospettiva globale, in quanto tratta i suoi clienti come un unico mercato globale e in questo modo ottiene un'efficienza dei costi. Questo approccio è chiamato "geocentrico" (Kotabe & Helsen, 2004). Considerando tutti gli stadi sopra menzionati nel processo di evoluzione del marketing globale, ci concentreremo solo sul marketing internazionale e sulle sue utilità.

Il marketing internazionale come concetto esiste da secoli, ma come campo di studio individuale è stato riconosciuto negli anni '60 (Cavusgil et al., 2005). Esistono tre diversi ruoli del marketing internazionale. Il primo ha a che fare con le attività di marketing come i nuovi prodotti, i miglioramenti dei prodotti, le promozioni, la pubblicità e altre attività legate ai prodotti. Questa fase è chiamata configurazione del marketing. Il secondo è legato al coordinamento delle attività di marketing nei diversi Paesi. Le attività di marketing possono essere eseguite allo stesso modo oppure possono essere adattate o modificate per adeguarsi alle usanze e alle leggi del Paese. La letteratura sul marketing internazionale ha fatto riferimento al dibattito tra standardizzazione e adattamento, che verrà esaminato analiticamente nella sezione successiva. Il terzo ruolo è la connessione delle attività di configurazione-coordinamento del marketing nella catena del valore (Porter, 1986).

Inoltre, i responsabili del marketing internazionale devono essere molto attenti nell'applicare le strategie di marketing internazionale e devono innanzitutto tenere conto delle preferenze e delle esigenze dei consumatori. È davvero difficile prevedere il comportamento d'acquisto dei consumatori, poiché esistono molti tipi diversi di persone che manifestano comportamenti diversi. È proprio questo che le aziende devono ricercare in profondità quando applicano le loro strategie di marketing a ciascun segmento di mercato (Yankelovich & Meer, 2006). Esse dovrebbero indagare con attenzione le reali esigenze dei consumatori e i loro modelli, nel rispetto delle leggi e dei regolamenti del Paese. Secondo Yankelovich & Meer (2006), ci sono due modi principali con cui gli addetti al marketing possono facilmente convincere il pubblico dei consumatori ad acquistare un prodotto specifico. Il primo consiste nell'inserire nella pubblicità un prodotto che il consumatore ammira o considera un esempio. Il secondo modo consiste nel porre l'accento sugli attributi emotivi piuttosto che su quelli pratici e reali del prodotto, come lo status, la fiducia o il sex appeal. Tuttavia, gli schemi di segmentazione si sono rivelati piuttosto fallimentari nel corso degli anni, poiché le aziende si concentrano sul comportamento dei consumatori e trascurano il prodotto stesso, oppure prestano molta attenzione agli attributi del prodotto e ignorano i bisogni e i modelli dei consumatori (Yankelovich & Meer, 2006).

Il marketing internazionale può essere realizzato con diverse strategie a seconda dell'occasione. Una delle tattiche di maggior successo è la standardizzazione dei prodotti e delle campagne pubblicitarie.

2.2. STANDARDIZZAZIONE CONTRO ADATTAMENTO

Il tema della standardizzazione ha suscitato un ampio dibattito tra studiosi e professionisti per oltre sessant'anni (Papavasiliou & Stathakopoulos, 1997; Katsikeas et al., 2006; Schilke et al., 2009; Cavusgil et al., 2005; Agrawal, 1995; Zou et al., 1997; Ryans et al., 2003; Solberg 2002; O'Donnell & Jeong, 2000). Tuttavia, ci sono solo pochi studi che affrontano il tema della standardizzazione-adattamento, da cui si evincono risultati contraddittori e inconcludenti che rendono difficile il progresso della teoria e della pratica in questo campo. Manca quindi una definizione specifica di pubblicità standardizzata (Katsikeas et al., 2006; Melewar & Vemmervik, 2004; Schilke et al., 2009). Sebbene il dibattito tra standardizzazione e adattamento sia iniziato fin dagli anni '60, esso continua con il passare degli anni, poiché i mercati globali sono venuti alla luce e i prodotti standardizzati sono diventati una nuova realtà commerciale (Douglas & Wind, 1987; Jain, 1989).

2.3. DEFINIRE LA STANDARDIZZAZIONE

Finora molti autori hanno cercato di dare una definizione corretta di pubblicità standardizzata, ma senza risultati, poiché alcune definizioni erano troppo ristrette e altre troppo vaghe. La standardizzazione del marketing internazionale è la strategia comune utilizzata dalle aziende multinazionali (MNC) per promuovere lo stesso prodotto nel mercato globale (Baalbaki & Malhotra, 1995; Papavasiliou & Stathakopoulos, 1997; Melewar & Vem- mervik, 2004; Alimiene & Kuvykaite, 2008). Tuttavia, questa definizione è in realtà poco pratica, poiché quasi tutte le funzioni di marketing relative alla promozione di un prodotto non dovrebbero essere standardizzate, ad esempio a causa del fattore linguistico (Melewar & Vemmervik, 2004; Domzal & Kernan, 1993). Onkvisit & Shaw (1987) hanno dato una definizione più specifica di standardizzazione, affermando che gli strumenti di marketing, come la pubblicità, sono standardizzati se sono uguali in tutto il mondo, tranne che per la traduzione. Infine, dopo una serie di definizioni sulla standardizzazione, gli autori hanno concordato che una campagna di marketing standardizzata è quella che si rivolge contemporaneamente a diversi mercati in tutto il mondo.

2.4. FATTORI CHE INFLUENZANO LA STANDARDIZZAZIONE

Secondo Katsikeas et al. (2006), esistono due serie di fattori che influenzano il grado di standardizzazione: a) i fattori macroambientali (generali) e b) i fattori microambientali (di compito). Papavasiliou e Stathakopoulos (1997) hanno individuato tre serie di variabili che influenzano il grado di standardizzazione o di adattamento delle strategie di marketing (locali, aziendali e intrinseche). Harvey (1993) ha individuato sei variabili che influenzano il grado di standardizzazione o adattamento del marketing internazionale (prodotto, concorrenza, esperienza e controllo organizzativo, infrastrutture, variabili governative, culturali e sociali). Schilke et al. (2009), oltre ai fattori tipici (coordinamento delle attività di marketing, partecipazione al mercato globale e omogeneità del prodotto), sottolineano anche la leadership di costo e le dimensioni dell'impresa. Ruzevicius & Ruzeviciùté (2011) sostengono che i valori culturali sono parte integrante delle società moderne e sono davvero difficili da cambiare. Pertanto, suggeriscono che la strategia di marketing dovrebbe essere formata in base alle abitudini culturali e nazionali. Infatti, le differenze culturali possono impedire - in misura soddisfacente - la standardizzazione e soprattutto le normative nazionali possono creare ostacoli significativi per le aziende nell'applicare con successo le loro strategie internazionali (Ruzevicius & Ruzeviciùté, 2011; Papavasiliou & Stathakopoulos, 1997).

Inoltre, Ruzevicius & Ruzeviciùté (2011) sostengono che, sebbene la standardizzazione possa essere una soluzione economica per le aziende, trascurando lo stile di vita locale e il comportamento dei consumatori, potrebbe ridurre le vendite e persino la quota di mercato. Essi sottolineano anche un altro ostacolo nel marketing internazionale, ovvero le infrastrutture. Inoltre, fanno riferimento alla questione della concorrenza nei mercati internazionali, sottolineando che essa influisce sul grado di adattamento o di standardizzazione delle strategie di marketing. Papavasiliou & Stathakopoulos (1997), invece, mettono in dubbio questa questione, poiché secondo loro non è ampiamente discussa in letteratura e la misura in cui influenza la standardizzazione-adattamento rimane incerta.

Un'attenzione particolare viene data però a tre fattori importanti, che si suppone influiscano principalmente sulla standardizzazione. Si tratta di a) fattori legati al prodotto, b) segmenti di mercato e c) fattori organizzativi (Melewar & Vemmervik, 2004). Il punto principale è che il grado di standardizzazione è influenzato da una serie di fattori interni ed esterni, il che rende difficile sia per gli accademici che per i professionisti misurare l'esatto grado di standardizzazione (Melewar & Vemmervik, 2004). Douglas & Wind (1987) sostengono che, affinché un approccio di standardizzazione abbia successo, è essenziale avere: 1) un segmento di mercato globale, 2) sinergie derivanti dalla standardizzazione e 3) canali di comunicazione e distribuzione per fornire i prodotti dell'azienda al mercato target in tutto il mondo. Secondo loro, i fattori interni hanno a che fare con la strategia e le operazioni interne dell'azienda, mentre quelli esterni riguardano le condizioni del mercato, il tipo di concorrenza o l'infrastruttura di marketing. In ogni caso, il numero di variabili e la loro effettiva influenza variano lungo il continuum standardizzazione-adattamento, rendendo complesso e ancora più difficile per gli operatori e gli accademici spiegare e ottenere risposte alle loro ricerche.

Levitt (1984) e Onkvisit & Shaw (1987) sostengono che il mondo si sta dirigendo verso un flusso di omogeneizzazione dei mercati e verso la creazione di un unico mercato globale con le stesse esigenze e necessità. Ciò offre opportunità di standardizzazione alle aziende di marketing internazionale. Tuttavia, Levitt (1984) riconosce che esistono alcune differenze anche tra i segmenti di mercato locali e suggerisce che le aziende dovrebbero cercare opportunità di vendita all'interno di segmenti simili, in modo da ottenere economie di scala. Un altro punto di vista accademico è che solo alcuni particolari prodotti o categorie di prodotti possono avere un appeal globale su specifici segmenti di mercato (Melewar & Vemmervik, 2004). Come sostengono Douglas e Wind (1987), l'adozione di strategie standardizzate può essere una soluzione per alcuni settori e linee di prodotto specifici, ma non può essere generalizzata a tutti i tipi di business a livello mondiale.

Sulla base di quanto detto sopra, viene in mente una domanda critica: in che misura le aziende dovrebbero applicare la standardizzazione? Ryans & Donnelly (1969) sostengono che il grado di applicazione della standardizzazione da parte di un'azienda dipende principalmente dall'importanza attribuita alle differenze culturali tra paesi o aree diverse dello stesso paese. Se, ad esempio, un'azienda identifica differenze minime tra le sezioni del mercato, applicherà senza dubbio un approccio pubblicitario standardizzato (Ryans & Donnelly, 1969). La loro ricerca ha dimostrato che i manager non prestano molta attenzione alle differenze culturali, ma allo stesso tempo sembrano riluttanti a utilizzare la standardizzazione. Pa- pavasiliou & Stathakopoulos (1997) hanno identificato diversi casi in cui possono verificarsi rispettivamente la standardizzazione completa e l'adattamento completo. Il coinvolgimento dei consumatori è elevato quando si applica l'adattamento completo, mentre esiste un basso coinvolgimento dei consumatori nelle strategie di standardizzazione completa. Inoltre, le decisioni pubblicitarie internazionali devono essere standardizzate o meno. Se non sono standardizzate, devono essere adattate a ogni occasione specifica (Papavasiliou & Stathakopoulos, 1997). Inoltre, la presenza di "fit" tra la strategia di marketing applicata e i fattori ambientali gioca un ruolo importante nello sviluppo di un'azienda ed è fondamentale per il grado di standardizzazione che deve applicare (Katsikeas et al., 2006; Schilke et al., 2009).

È fondamentale per un professionista sapere se la tendenza del marketing internazionale si sta muovendo verso un livello di standardizzazione crescente o decrescente (Melewar & Vem- mervik, 2004). Per farlo, deve confrontare le diverse indagini condotte nel tempo. Questo però è molto difficile, perché non esiste una definizione precisa di standardizzazione e il campione di aziende esaminate non è rappresentativo, in quanto differisce in termini di segmenti di mercato, caratteristiche del prodotto e strategie organizzative.

2.5. I VANTAGGI DELLA STANDARDIZZAZIONE

Ci sono diverse ragioni per cui le MNC desiderano applicare strategie standardizzate sui mercati internazionali. La più importante è che consente alle MNC di creare e far progredire una campagna pubblicitaria internazionale su mercati diversi e, infine, di risparmiare sui costi aziendali e di creare economie di scala (Papavasiliou & Stathakopoulos, 1997; Melewar & Vemmervik, 2004; Levitt, 1984; Katsikeas et al, 2006; Schilke et al., 2009; Harvey, 1993; Douglas & Wind, 1987; Ryans et al., 2003; Theodosiou & Leonidou, 2003; Richen & Steinhorst, 2005; O'Donnell & Jeong, 2000; Alimiene & Kuvykaite, 2008). Secondo Buzzell (1968), la standardizzazione del design del prodotto, del packaging e di altre attività promozionali può fornire economie di scala alle multinazionali. In questo modo le aziende possono produrre prodotti di alta qualità a prezzi bassi. Anche se, in alcuni casi, i risparmi sui costi sono ottenuti a spese di una riduzione delle vendite in determinati mercati, il risultato chiaro sul reddito dovrebbe essere positivo (Britt, 1974). In secondo luogo, i loro prodotti soddisfano già le esigenze dei clienti e non sono influenzati dalle differenze culturali. In questo modo, le aziende cercano di ottenere coerenza nei rapporti con i clienti. Gli esperti di marketing ritengono che l'uniformità nell'aspetto e nello stile dei prodotti, nel servizio clienti e nelle vendite, oltre a un'immagine di marca globale coerente, siano modi potenti per un'azienda di aumentare le vendite (Katsikeas et al., 2006; Papavasiliou & Statha- kopoulos, 1997; Melewar & Vemmervik, 2004; Ruzevicius & Ruzeviciùté, 2011; Harvey, 1993; Douglas & Wind, 1987; Buzzell, 1968; Zou et al., 1997). RuzeviCius & Ruzeviciùté (2011), invece, affermano che questi vantaggi possono agire come un boomerang e non essere efficaci per l'azienda, come invece dovrebbero essere. Buzzell (1968) aggiunge altri due vantaggi della standardizzazione, che rafforzano l'immagine aziendale e le vendite. Si tratta del miglioramento della pianificazione e del controllo dell'azienda, ottenuto grazie al coordinamento delle politiche di prezzo, e dello sfruttamento delle buone idee, che gioca un ruolo importante, soprattutto se hanno un appeal universale, e dovrebbero essere utilizzate il più possibile. Inoltre, Schilke et al. (2009) hanno scoperto che la relazione tra standardizzazione e performance aziendale è più intensa e di successo per le grandi aziende rispetto a quelle più piccole. Solberg (2002) ha scoperto che la standardizzazione è strettamente legata all'aumento dei profitti, mentre Hite & Fraser (1990) hanno rilevato che la pubblicità adattiva e decentralizzata dovrebbe essere più efficace dal punto di vista dei costi.

2.6. BENEFICI DELL'ADATTAMENTO

Poiché la standardizzazione è possibile solo in particolari condizioni (Walters, 1986; Kotler, 1986), come l'esistenza di una sezione di mercato globale, le potenziali sinergie derivanti dalla standardizzazione e i canali di comunicazione e distribuzione, vi è una forte ragione per le strategie di adattamento applicate dalle aziende (Zou et al., 1997). I sostenitori dell'adattamento notano che le campagne pubblicitarie adattate aumentano il vantaggio differenziale dei prodotti dell'azienda e incrementano i profitti (Melewar & Vemmervik, 2004; Onkvisit & Shaw, 1987). L'approccio dell'adattamento è solitamente collegato a una funzione pubblicitaria decentralizzata, che consente una maggiore risposta e adattamento alle esigenze locali. Inoltre, con un approccio di standardizzazione l'azienda si concentra principalmente sulla riduzione dei costi e ha una strategia di orientamento al prodotto, il che significa che non tiene conto delle esigenze dei consumatori di un messaggio significativo e che il processo di comunicazione viene interrotto (Melewar & Vemmervik, 2004; Zou et al., 1997). La riduzione dei costi non sempre implica un aumento dei profitti, poiché la standardizzazione può rendere la strategia di marketing poco attraente per il pubblico e quindi diminuire i profitti (Onkvisit & Shaw, 1987). Inoltre, un'altra importante ragione per applicare un approccio di marketing adattivo è la differenziazione dei prezzi (Shoham, 1995). Tuttavia, l'adattamento può causare costi elevati, che gravano sull'efficienza dell'azienda (Ruzevicius & Ruzeviciùté, 2011).

Le strategie adattive possono avere successo quando le culture sono dissimili e si ritiene che abbiano grandi differenze nelle infrastrutture di marketing. In questo caso, una campagna di marketing adattata sarebbe l'ideale, in quanto farebbe appello alle richieste dei consumatori locali. Inoltre, l'adattamento dovrebbe essere più fattibile nei casi in cui le leggi governative e i regolamenti di un Paese sono rigidi e diversi da quelli di altri segmenti di mercato. In questo caso, le aziende dovranno adattarsi alle politiche locali per soddisfare i requisiti e gli standard di sicurezza del Paese (Zou et al., 1997).

2.7. STANDARDIZZAZIONE, ADATTAMENTO O COMPROMESSO

Ad oggi, molti autori hanno suddiviso gli approcci alla standardizzazione in tre categorie: a) sostenitori della standardizzazione, b) oppositori della standardizzazione e c) sostenitori del compromesso. I sostenitori dell'approccio di standardizzazione sostengono che un messaggio promozionale con solo piccole modifiche può essere utilizzato con successo in ogni Paese (Solberg, 2000; Papavasiliou & Stathakopoulos, 1997; Ryans & Donnelly, 1969; Onkvisit & Shaw, 1999). Il primo sostenitore dell'approccio alla standardizzazione è stato David L. Brown, il quale ha affermato che i consumatori di tutto il mondo hanno molte caratteristiche simili, che creano la necessità di una campagna standardizzata (Melewar & Vemmervik, 2004). Un altro sostenitore della standardizzazione è Peebles (1988), che individua le differenze culturali tra i Paesi, ma ritiene che non costituiscano grandi barriere al marketing globale (Melewar &

13

Vemmervik, 2004). Inoltre, i sostenitori sostengono che la standardizzazione è ancora più facilitata dallo sviluppo delle infrastrutture di comunicazione internazionali, dalla comparsa di settori di mercato globali e dall'evoluzione di Internet (Theodosiou & Le- onidou, 2003).

Gli oppositori dell'approccio di standardizzazione sostengono che si dovrebbero utilizzare messaggi diversi in mercati diversi, adattando il messaggio a ciascun paese specifico (Ryans & Donnelly, 1969; Ryans et al, 2003; Theodosiou & Leonidou, 2003; Onkvisit & Shaw, 1999), in quanto le differenze tra le culture sono notevoli e un approccio standardizzato porta a una "perdita di vantaggio competitivo" e a una diminuzione delle vendite (Kotler, 1986; Papavasiliou & Stathakopoulos, 1997; Melewar & Vemmervik, 2004). Boddewyn et al. (1986) e Douglas & Wind (1987) sostengono che le differenze culturali tra i Paesi, come i gusti, i regolamenti e le abitudini, richiedono una strategia di marketing adattabile per avere successo. Anche Cutler et al. (1992), attraverso la loro ricerca, hanno scoperto che le differenze tra i mercati sono maggiori delle caratteristiche simili e che, pertanto, i responsabili del marketing dovrebbero fare molta attenzione all'idea di standardizzazione. Questo contraddice il punto di vista di Levitt (1984), che sosteneva che il mondo si sta dirigendo verso l'omogeneizzazione e la creazione di un mercato globale.

I sostenitori dell'approccio di compromesso affermano che per il successo delle operazioni di marketing internazionale sono necessari sia la standardizzazione che l'adattamento. Riconoscono le diverse caratteristiche dei vari Paesi, ma allo stesso tempo suggeriscono un certo grado di standardizzazione (Ruzevicius & Ruzeviciùté, 2011; Onkvisit & Shaw, 1987; Harvey, 1993; Douglas & Wind, 1987; Onkvisit & Shaw, 1999). Secondo Theodosiou & Leonidou (2003) non dovrebbero essere considerati separatamente, ma piuttosto come i due estremi della stessa scala (Onkvisit & Shaw, 1987), dove il grado di standardizzazione/adattamento della strategia di marketing di ogni azienda può variare su questa scala. La differenza effettiva tra standardizzazione e adattamento riguarda il grado di applicazione piuttosto che il tipo di applicazione. La maggior parte delle aziende sceglie l'approccio di compromesso nelle proprie strategie pubblicitarie (Harris, 1994; Kanso, 1992; Ruzevicius & Ruzeviciùté, 2011). Inoltre, Pa- pavasiliou & Stathakopoulos (1997) e Melewar & Vemmervik (2004) hanno identificato una serie di studiosi che suggeriscono che diverse parti delle funzioni di marketing possono essere standardizzate mentre altre possono essere adattate. La conclusione finale degli studiosi è che un certo grado di adattamento è essenziale per avere successo nei mercati internazionali, mentre i professionisti non sono ancora giunti a una conclusione e vacillano tra standardizzazione e adattamento (Melewar & Vemmervik, 2004).

2.8. STANDARDIZZAZIONE INTERNAZIONALE DELLA PUBBLICITÀ

La pubblicità è senza dubbio il più ovvio e allo stesso tempo uno dei più importanti strumenti di marketing (Deleersnyder et al., 2009). È fondamentale per il successo di una multinazionale (Cui et al, 2012). Secondo Hackley (2010, pag. 194), "la pubblicità è intrinsecamente un prodotto culturale". La ricerca sulla pubblicità internazionale ha dimostrato che esistono molte differenze in termini di contenuto pubblicitario tra un Paese e l'altro. Le pubblicità riflettono in parte le normative, i costumi, i valori e le caratteristiche di ciascun Paese. Secondo Duncan & Ramaprasad (1995), questi fattori possono influenzare significativamente il successo di una campagna pubblicitaria. In questo modo, percepire l'importanza dei valori culturali nella pubblicità internazionale ha un valore realistico (Tian & Borges, 2011).

Secondo De Mooij (1998), l'obiettivo fondamentale della pubblicità internazionale è la connessione culturale tra i valori promossi nella pubblicità e i valori personali del consumatore che la riceve. In questo modo, è importante che le aziende comprendano le differenze nei modelli di consumo di ogni specifico mercato per creare campagne pubblicitarie di successo (Pae et al., 2002).

Per cominciare, i termini di standardizzazione/adattamento del marketing internazionale sono stati ampiamente discussi nella sezione precedente, quindi daremo alcuni importanti suggerimenti sulla standardizzazione della pubblicità. Per oltre quattro decenni, le agenzie pubblicitarie internazionali e gli accademici hanno sostenuto l'applicabilità di una pubblicità internazionale standardizzata (Harris, 1994; James & Hill, 1991). Nonostante le varie discussioni tra standardizzazione e adattamento nella letteratura accademica e nella pratica del marketing, è ancora incerto cosa differenzi la pubblicità standardizzata da quella adattata (Backhaus et al., 2001). Onkvisit & Shaw (1999) hanno dato una definizione di pubblicità standardizzata, separandola dalla pubblicità globale. Secondo loro, una pubblicità standardizzata è quella che ha "origine nazionale" e che in seguito viene applicata a più Paesi, mentre una pubblicità globale è quella che viene progettata fin dall'inizio per rivolgersi a molti Paesi diversi, tenendo conto delle loro caratteristiche simili e diverse.

Al giorno d'oggi, la pubblicità si è estremamente sviluppata grazie al progresso di Internet e dei sistemi di telecomunicazione. I consumatori possono facilmente guardare campagne pubblicitarie in altri Paesi, utilizzando la televisione via cavo o satellitare. Quando il pubblico target guarda pubblicità diverse dello stesso prodotto, può essere facilmente confuso e talvolta infastidito. Per questo motivo le aziende applicano una standardizzazione della pubblicità, in modo da evitare la confusione dell'immagine (Backhaus et al., 2001).

Tuttavia, i responsabili del marketing pubblicitario internazionale devono affrontare alcune difficoltà in materia di standardizzazione, in quanto devono prendere in seria considerazione le caratteristiche locali di ciascun segmento di mercato, le diverse esigenze dei consumatori e le normative del Paese (Backhaus et al., 2001; Green et al, 1975). Ad esempio, supponiamo che un marketer voglia applicare una campagna pubblicitaria standardizzata in tutta Europa. Deve considerare che la legislazione francese non consente l'uso di lingue straniere nelle pubblicità, quindi la campagna pubblicitaria non può essere completamente standardizzata. In alternativa, deve progettare una campagna che sia il più possibile standardizzata e che allo stesso tempo rispetti la legislazione francese. Una soluzione efficace potrebbe essere quella di utilizzare una pubblicità "basata sull'immagine", in cui verranno utilizzati la stessa immagine, lo stesso layout e lo stesso slogan, ma adattati alla lingua locale di ciascun Paese. In questo modo, gli operatori del mercato possono realizzare campagne pubblicitarie altamente standardizzate e soddisfare le aspettative dei consumatori (Backhaus et al., 2001).

La standardizzazione della pubblicità deve essere vista come una strategia che crea immagini, temi e marchi unificati in tutti i Paesi (Duncan & Ramaprasad, 1995). Harris (1996) sostiene che la standardizzazione della pubblicità fa parte della strategia di un'azienda e può quindi essere considerata un obiettivo aziendale. I sostenitori della standardizzazione delle campagne pubblicitarie sostengono che le richieste dei consumatori sono diventate uniformi a causa della globalizzazione e quindi la stessa pubblicità può essere utilizzata in ogni segmento di mercato. In questo modo, le aziende minimizzano i costi e allo stesso tempo massimizzano l'efficacia (Harris, 1996). Tuttavia, non tutte le parti della campagna pubblicitaria possono essere standardizzate. Alcune possono essere standardizzate, mentre altre possono essere adattate (Duncan & Ramapras- ad, 1995; Harris, 1994).

2.9. LA COMUNICAZIONE DI MARKETING E L'IMPATTO DEI FATTORI CULTURALI

La comunicazione di marketing internazionale supera i confini nazionali e agisce su scala globale per le funzioni aziendali. La comunicazione è il fattore più importante per qualsiasi azienda internazionale, affinché possa avere successo nel competitivo mercato globale. L'efficacia di un'azienda è definita in modo significativo dalla sua politica di comunicazione di marketing (Tian & Borges, 2011).

Nonostante la difficoltà di standardizzare i metodi, negli ultimi anni le comunicazioni di marketing sono state applicate dalle aziende su scala globale. La standardizzazione delle comunicazioni di marketing su base globale è una buona opportunità per le aziende, che risparmiano sui costi e mantengono l'immagine del proprio marchio. "La comunicazione di marketing è un filo conduttore significativo nel dibattito sulla globalizzazione" (Hackley, 2010, pag. 201). Nonostante ciò, la comunicazione di un messaggio attraverso paesi e culture diverse causa molte difficoltà (Hackley, 2010).

L'influenza della globalizzazione ha reso molto importante per gli esperti di marketing la consapevolezza di fare affari attraverso culture diverse. La capacità di una comunicazione interculturale interattiva tra aziende e consumatori è fondamentale per il successo dell'azienda. Secondo De Mooij & Hofstede (2010), i valori culturali dovrebbero essere parte integrante della personalità dei consumatori e, pertanto, i marketer devono considerare i consumatori come il "centro dell'attenzione" per sviluppare messaggi di marketing di successo. Si suppone che i fattori culturali influenzino la comunicazione e il grado di concorrenza nelle aziende internazionali. Il fattore della "consapevolezza culturale" influenza in modo determinante il modo in cui le aziende agiscono quando applicano strategie di marketing internazionale (Unwin, 1974). È noto che "i fattori culturali agiscono come barriere invisibili nella comunicazione di marketing internazionale" (Tian & Borges, 2011, pag. 110). L'abilità più importante che le aziende devono sviluppare è quella di riconoscere le differenze locali di ciascun Paese per ottenere un vantaggio competitivo. Gregory & Munch (1997) sostengono che le aziende multinazionali dovrebbero concentrarsi non solo sulle differenze, ma anche sulle somiglianze tra le culture. Tuttavia, i marketer a volte trascurano l'importanza delle differenze culturali e quindi non hanno successo nelle loro strategie (Tian & Borges, 2011).

Oggi i mercati sono diventati non solo mondiali, ma anche interculturali. Le imprese internazionali che percepiscono questo fattore come una sfida e non come una barriera dovrebbero essere quelle di maggior successo. Poiché il mondo si sta dirigendo verso l'omogeneizzazione, anche la "interculturalizzazione" sarà inevitabile. Da un lato, poiché il mercato globale sta diventando sempre più uniforme e standardizzato, le differenze tra le nazioni stanno diminuendo e la comunicazione di marketing agisce come una disciplina uniforme a livello globale. Dall'altro lato, le differenze culturali tra i Paesi stanno diventando più intense e le comunicazioni di marketing internazionali devono essere applicate con attenzione dai manager. Tuttavia, secondo Tian & Borges (2011), la cultura ha un grande impatto sulla comunicazione di marketing, così come la comunicazione di marketing ha a sua volta un impatto sulla cultura.

La relazione tra comunicazione di marketing e cultura può essere osservata da tre punti di vista.

17

In primo luogo, la cultura determina il comportamento d'acquisto, poiché i fattori interculturali hanno un forte impatto sulle preferenze e sulle abitudini dei consumatori (Whitelock & Dja- mala, 1989). In secondo luogo, l'influenza della cultura sulla comunicazione di marketing è molto più facile da riconoscere rispetto a qualsiasi altra variabile commerciale. Per esempio, la lingua, che è uno degli elementi chiave di una cultura, influisce sugli schemi di comunicazione di marketing internazionale di un'azienda. In terzo luogo, le comunicazioni di marketing hanno a loro volta un impatto sulla cultura, poiché la globalizzazione dei mercati sta standardizzando le esigenze dei consumatori e il tasso di cambiamento culturale è sempre più elevato (Tian & Borges, 2011).

Tuttavia, le culture non possono cambiare facilmente o rapidamente, poiché i consumatori possono insistere sulle loro preferenze di acquisto. Per questo motivo, le aziende devono cercare e scoprire le somiglianze tra i diversi mercati e renderle parte integrante delle loro tattiche di marketing internazionale. I responsabili del marketing devono sempre fare attenzione a modificare i loro programmi di marketing, in modo che siano in armonia con il mercato di destinazione. Tuttavia, la maggior parte delle volte, quando un'azienda applica le proprie strategie in nuovi mercati, i responsabili del marketing applicano istintivamente le proprie esperienze culturali al mercato e, di conseguenza, non riescono a soddisfare le aspettative dei consumatori. Soprattutto in alcuni casi in cui prevale l'etnocentrismo, le comunicazioni di marketing non possono essere efficaci o di successo (Tian & Borges, 2011).

Inoltre, la comunicazione interculturale sta diventando sempre più importante per le aziende, che hanno iniziato a inserirla nei loro piani strategici aziendali. Nella realtà commerciale odierna, le aziende che sono in grado di applicare con successo le strategie e le tecniche di comunicazione interculturale sono quelle che sopravviveranno e diventeranno sufficientemente competitive (Tian & Borges, 2011).

Infine, vale la pena ricordare che l'esistenza di una diversità culturale dimostra che il grado di standardizzazione della strategia generale di marketing può variare a seconda degli attributi simili o diversi dei segmenti di marketing. Pertanto, lo sviluppo e l'efficacia delle comunicazioni di marketing dovrebbero essere adattati ai valori, alle tradizioni, alle norme e ai regolamenti locali di ciascun mercato specifico (Gregory & Munch, 1997).

2.10. LACUNE CONOSCITIVE

- Definizione chiara di standardizzazione

- L'esatto grado di standardizzazione

- Fattori specifici che influenzano la standardizzazione

- Infine, le aziende dovrebbero applicare l'adattamento o la standardizzazione per avere successo?

Attraverso un esame approfondito della letteratura, sono state identificate alcune lacune nella conoscenza: In primo luogo, dopo 40 anni di ricerca accademica e quasi 80 anni di dibattito tra gli operatori del settore (Ryans et al., 2003), la questione della standardizzazione-adattamento rimane tuttora irrisolta (Theodosiou & Leonidou, 2003). Nonostante gli sforzi di professionisti e accademici per dare una definizione di standardizzazione, non esiste ancora una prova chiara di cosa sia la standardizzazione e di cosa definisca una campagna di marketing standardizzata. Anche se diverse spiegazioni sono state fornite da diversi autori, non è ancora stata decisa una definizione adeguata.

In secondo luogo, non è ancora stato definito il grado esatto in cui le aziende dovrebbero applicare la standardizzazione. Molti studiosi suggeriscono l'applicabilità di strategie standardizzate per la prosperità dell'azienda, ma senza specificare fino a che punto sia in grado di farlo.

In terzo luogo, nella revisione della letteratura è stato ampiamente discusso che molteplici fattori possono influenzare la standardizzazione. Considerando il fatto che ogni autore sostiene la propria prospettiva, non è stato ancora individuato un insieme specifico di variabili che influenzano la standardizzazione.

Infine, come ampiamente argomentato nella sezione precedente, i punti di vista di professionisti e accademici sono divergenti in termini di standardizzazione e adattamento. Ci sono sostenitori della standardizzazione che forniscono forti argomenti a favore della sua applicazione, mentre ci sono oppositori che sostengono questo fatto e allo stesso tempo suggeriscono strategie di adattamento. Esiste anche una terza parte, che insiste sulla combinazione di entrambe per il successo dell'impresa internazionale. Da questo dibattito si può facilmente dedurre che non esiste una "regola" particolare per un'azienda, se applicare una strategia di marketing standardizzata, adattiva o mista.

3. METODOLOGIA DI RICERCA

Il capitolo seguente fornirà alcune importanti linee guida per i metodi di raccolta dei dati e i metodi di ricerca utilizzati in questo particolare studio.

3.1. IL RUOLO E LO SCOPO DEI METODI DI RICERCA

Questa sezione fornisce tutte le informazioni importanti per la metodologia di ricerca e spiega le ragioni della scelta di metodi specifici di raccolta dei dati, come i dati primari e secondari, e l'analisi di ciascuno di essi separatamente. L'analisi dei dati primari e secondari deve essere fatta con molta attenzione per poter rispondere alla domanda principale della ricerca.

Per intraprendere una ricerca di successo, è essenziale avere un disegno di ricerca e una visione chiara dei metodi di raccolta e analisi dei dati. È inoltre importante considerare la validità e l'affidabilità dei dati che verranno utilizzati nell'ambito della ricerca. Le tecniche analitiche che verranno utilizzate sono di fondamentale importanza (Saunders et al., 2007).

3.2. RICERCA QUALITATIVA E QUANTITATIVA

Finora molti autori hanno cercato di separare la ricerca qualitativa da quella quantitativa, pur incontrando molti problemi. Tuttavia, verranno menzionati i punti più importanti che distinguono questi due tipi di ricerca. La ricerca quantitativa si basa principalmente su significati che derivano da numeri e statistiche. La raccolta e l'analisi dei dati vengono effettuate con dati standardizzati, diagrammi e statistiche. Al contrario, la ricerca qualitativa si basa sui significati, che vengono espressi attraverso le parole. La raccolta e l'analisi dei dati avviene attraverso l'uso di teorie (Saunders et al., 2007).

3.3. RACCOLTA DATI

I dati possono essere ottenuti da due fonti diverse: dati primari e dati secondari. I dati primari sono informazioni ottenute in prima persona dal ricercatore per lo scopo specifico del progetto. Possono essere interviste, focus group, questionari, ecc. Secondo Zikmund (1994, pag. 40), i dati primari sono "raccolti e assemblati specificamente per il progetto in questione". I dati secondari sono raccolti da fonti già esistenti (Sekaran, 2003). I dati secondari possono essere libri, articoli, riviste, relazioni e molto altro. I dati raccolti attraverso una ricerca devono essere strettamente collegati alla domanda e agli obiettivi principali della ricerca, in modo da dare un'attenzione particolare all'indagine (Saunders et al., 2007). Questo studio ha utilizzato due diversi metodi di raccolta dei dati, uno quantitativo (questionario) e uno qualitativo (studio di caso), entrambi combinati in uno studio di caso e descritti analiticamente di seguito.

3.4. RACCOLTA DI DATI PRIMARI TRAMITE QUESTIONARI

La scelta di un questionario deve essere molto accurata, poiché è direttamente influenzata da vari fattori legati alla domanda di ricerca e agli obiettivi. Il design di un questionario può differire in termini di struttura e di quantità di contatto del ricercatore con gli intervistati. In questo modo, abbiamo due categorie di questionari: quelli autosomministrati, che vengono compilati principalmente per via elettronica dai destinatari, e quelli somministrati dall'intervistatore, che comprendono questionari telefonici e interviste strutturate (Saunders et al., 2007). In questo caso, è stato progettato un questionario online, di cui si riportano di seguito alcuni dei principali vantaggi.

I vantaggi dei questionari online sono molteplici. Innanzitutto, possono essere utilizzati per raccogliere grandi quantità di informazioni in un tempo limitato e con un basso costo per rispondente. In secondo luogo, gli intervistati possono disporre di tempo per rispondere alle domande e dare risposte più oneste alle domande personali. In terzo luogo, le risposte degli intervistati possono essere più obiettive e imparziali, poiché non è coinvolto un intervistatore. Infine, ma non per questo meno importante, il questionario online è una buona soluzione per raggiungere persone che si trovano in luoghi lontani e soprattutto che viaggiano spesso. Tuttavia, questa procedura presenta alcuni svantaggi. Non è molto flessibile, perché molte persone potrebbero non avere accesso a Internet. Inoltre, la maggior parte delle volte richiede più tempo di un'intervista normale o telefonica. Un altro grave problema dei questionari online è che il tasso di risposta è spesso piuttosto basso, il che rende difficile per il ricercatore trovare un campione rappresentativo in tempo e fare un'analisi adeguata. Inoltre, il ricercatore non può avere alcun controllo sulle persone che compilano il questionario e questo può invalidare i suoi risultati (Dawson, 2002; Kothari, 2005; Kumar, 2011).

3.5. PROGETTAZIONE DEL QUESTIONARIO

La progettazione di un questionario per i metodi di raccolta dei dati basati sull'indagine è una fase cruciale del processo di ricerca (Saunders et al, 2007). La prima fase della nostra ricerca è la progettazione di un questionario, che è stato inviato a tre diversi Paesi, Stati Uniti, Regno Unito e Grecia, ed è stato compilato online. Il questionario originale è stato modificato in seguito a test pilota per essere adattato correttamente al punto di vista di ogni consumatore. Inoltre, il questionario era composto da diversi formati di domande, per un totale di 16. La parte demografica comprendeva 7 domande. La parte demografica comprendeva 7 domande. Agli intervistati è stato chiesto di indicare il sesso, il Paese di residenza, l'età, l'istruzione, lo stato occupazionale e lo stato civile. La parte principale relativa agli annunci consisteva in 9 domande: domande dicotomiche, domande a scelta multipla e liste di controllo, una domanda aperta, una domanda a misura scorrevole e 3 domande su scala Likert. Gli item sono stati inseriti in una scala Likert per individuare i punti di vista e gli approcci dei consumatori, scegliendo l'opzione che riflette la loro opinione personale sull'affermazione specifica su ogni scala a 5 punti. La varietà delle risposte variava da fortemente in disaccordo a fortemente d'accordo e da molto insoddisfacente a molto efficace (Malhotra & Birks, 2007).

Per misurare il grado di standardizzazione della campagna pubblicitaria P&G scelta, il questionario chiedeva agli intervistati di fornire una percentuale specifica su una barra scorrevole, indicando in che misura ritengono che ogni parte della campagna pubblicitaria possa essere standardizzata a livello globale. Agli intervistati è stato anche chiesto di fornire il loro atteggiamento nei confronti delle pubblicità standardizzate e adattate, rispondendo su una scala da molto negativo a molto positivo, secondo Tai & Pae (2001). Inoltre, il campione della popolazione è stato casuale, poiché il questionario è stato pubblicato su diversi social media, come Facebook, Twitter e LinkedIn. Questa opzione ci ha permesso di avere un campione rappresentativo di ogni popolazione, poiché l'età, il sesso e il background variavano a seconda dei consumatori.

Lo scopo del questionario era quello di indagare le preferenze e i punti di vista dei consumatori di Regno Unito, Stati Uniti e Grecia, in merito all'influenza che le campagne pubblicitarie hanno su di loro e a quali caratteristiche delle pubblicità dovrebbero essere modificate e in che misura, in modo da soddisfare le aspettative dei consumatori. Per questo motivo, è stata scelta una campagna pubblicitaria standardizzata di Procter & Gamble, trasmessa durante il periodo dei Giochi Olimpici del 2012, oltre a tre annunci stampa di Pantene Pro-V e un annuncio stampa di Gillette. La pubblicità standardizzata di Procter & Gamble è stata scelta come esempio riflessivo di pubblicità universale. Inoltre, le tre pubblicità cartacee di Pantene sono state adattate a ciascun Paese specifico, mostrando le diverse immagini e modelli di ciascuno. Al contrario, la pubblicità cartacea di Gillette è stata standardizzata, in quanto è rimasta invariata in tutto il mondo. In questo modo, abbiamo cercato di mostrare ai consumatori la differenza tra i due tipi di pubblicità, in modo da indagare le loro preferenze e i loro interessi per ciascuno di essi. Questi risultati ci aiuteranno a rispondere alla nostra domanda di ricerca sul grado di percezione della standardizzazione da parte dei consumatori, che varia da Paese a Paese.

3.6. RACCOLTA DI DATI PRIMARI CON L'UTILIZZO DI CASI DI STUDIO

"Uno studio di caso è un esame approfondito di una singola istanza di un fenomeno di interesse ed è un esempio di metodo di ricerca qualitativo" (Collis & Hussey, 2003, pag. 68).

L'approccio allo studio di un caso è un'unità di analisi, ad esempio un'azienda, un gruppo, un evento o anche una singola persona. Comporta una raccolta dettagliata di informazioni sull'unità di analisi e, nella maggior parte dei casi, richiede al ricercatore un lungo periodo di tempo per acquisire una conoscenza e una comprensione approfondite. Secondo Collis & Hussey (2003), uno studio di caso può essere descrittivo, illustrativo, sperimentale o esplicativo. Gli studi di caso descrittivi sono quelli i cui obiettivi si limitano alla descrizione delle pratiche. Quelli illustrativi sono quelli in cui la ricerca cerca di illustrare nuove pratiche implementate da specifiche aziende. Quelli sperimentali sono i casi di studio in cui è essenziale per il ricercatore esaminare le varie difficoltà nell'applicazione di nuove tecniche e pratiche da parte dell'azienda e valutarne i benefici. Infine, ma non meno importante, gli studi di caso esplicativi, che utilizzano la teoria esistente per comprendere e spiegare la situazione attuale dell'azienda oggetto della ricerca.

Inoltre, secondo Saunders et al. (2007), lo studio di caso è una strategia che deve essere di particolare interesse per il ricercatore per avere successo. È più spesso utilizzato nella ricerca esplicativa o sperimentale. I metodi di raccolta dei dati in uno studio di caso possono essere molteplici e possono essere utilizzati in combinazione. Ad esempio, uno studio di caso può includere interviste, questionari o analisi documentale. In questo studio, il metodo che verrà utilizzato è uno studio di caso che include un questionario e quindi verranno analizzate sia le tecniche qualitative che quelle quantitative.

Lo studio di un caso di Procter & Gamble è la seconda fase di questa ricerca. Verrà esaminato in modo approfondito, dal punto di vista dell'azienda e del consumatore. È stata intrapresa un'indagine approfondita del background dell'azienda, in modo da esaminare le attività interne ed esterne dell'azienda e le sue strategie pubblicitarie in termini di standardizzazione e schemi di adattamento. Le fonti utilizzate sono state molteplici, tra cui EBSCO, Emerald, WARC, Google Scholar, la biblioteca dell'UEL e la British Library, al fine di ottenere una conoscenza approfondita dell'azienda e una visione obiettiva delle sue attività e politiche.

3.7. ANALISI DEI DATI

Dopo aver raccolto i dati appropriati della ricerca, è il momento di analizzarli. La scelta dei metodi e delle tecniche dipenderà dal fatto che i dati raccolti siano qualitativi, quantitativi o entrambi (Collis & Hussey, 2003). L'analisi dei dati deve essere molto accurata perché è la parte più importante e cruciale di una ricerca. In questa sezione, tutte le parti vengono combinate ed esaminate in profondità, in modo da fornire risposte alle domande e agli obiettivi del ricercatore.

3.8. VALUTAZIONE DELL'ANALISI

Una volta selezionato e applicato correttamente il metodo di analisi, questo deve essere valutato in termini di credibilità, trasferibilità, affidabilità e confermabilità se si tratta di dati qualitativi. La credibilità indica che i risultati della ricerca sono stati identificati e descritti correttamente. La trasferibilità indica se i risultati possono essere generalizzati o applicati a un'altra situazione. L'attendibilità indica se le tecniche di ricerca sono sistematiche, precise e documentate. Infine, la confermabilità serve a valutare se i risultati della ricerca sono coerenti con i dati (Collis & Hussey, 2003). Se il ricercatore ha utilizzato un metodo quantitativo, deve verificare se i suoi risultati sono validi e affidabili. La validità ha a che fare con la misura in cui i risultati sono accurati e riflettono gli obiettivi dello studio, mentre l'affidabilità mostra se i risultati della ricerca sono realistici e possono essere ottenuti da un'altra persona.

4. RISULTATI DELLO STUDIO DEL CASO PROCTER & GAMBLE

Il capitolo seguente analizzerà in modo approfondito le caratteristiche, i metodi e le funzioni di P&G, al fine di valutare in che misura l'azienda possa applicare con successo la pubblicità standardizzata o adattata.

4.1. PANORAMICA DELL'AZIENDA

P&G è nata come azienda produttrice di saponi e candele ed è stata fondata nel 1837. È un'azienda leader nel settore dei beni di consumo con un fatturato di 76,7 miliardi di dollari (P&G, 2011). Concorre in 26 diverse categorie di prodotti, come cosmetici, cura della pelle, cura dei capelli, cura dei tessuti e molti altri (Farasyn et al., 2011). È la più grande azienda del settore dei beni di consumo. I più importanti concorrenti di P&G sono Unilever, Johnson & Johnson, Avon Products, Colgate-Palmolive e Kimberly-Clark Corporation. È un'azienda altamente competitiva, il cui successo si basa principalmente sul riconoscimento del marchio e sull'innovazione dei prodotti (Hooper et al., 2007).

L'azienda commercializza quasi 300 marchi a circa 5 miliardi di consumatori in oltre 180 Paesi del mondo. È presente in oltre 80 Paesi. Ad oggi, ha 50 marchi leader. Per affrontare e soddisfare le esigenze della sua base di clienti, ha applicato una strategia di sviluppo dei suoi prodotti basata su un'ampia distribuzione. Gli obiettivi principali di P&G sono la creazione di prodotti innovativi ed economicamente vantaggiosi per migliorare la vita dei consumatori a livello globale (P&G, 2012; Datamonitor, 2011). L'azienda è suddivisa in tre unità di business globali (GBU) e un gruppo operativo globale. Le tre GBU sono la cura della casa, la bellezza e la salute e il benessere. Il gruppo operativo globale è composto dalla Market Development Organisation (MDO) e dai Global Business Services (Datamonitor, 2010).

P&G sta cercando di mantenere i suoi attuali clienti e possibilmente di acquisirne di nuovi applicando programmi specifici a favore dell'ambiente, come la riduzione degli scarti di produzione, l'utilizzo di materiali ed energie rinnovabili sul sito , ecc. Ha anche implementato programmi di responsabilità sociale attraverso l'iniziativa globale "Live, Learn and Thrive", con la quale l'azienda cerca di raggiungere i propri obiettivi (P&G, 2011). Inoltre, poiché l'azienda cerca di fornire ai consumatori prodotti di marca di alta qualità ogni giorno, ha investito in programmi di ricerca e sviluppo (R&S) per raggiungere questo obiettivo. Ogni anno P&G aumenta i finanziamenti per la R&S (Hooper et al, 2007).

P&G è riconosciuta come azienda leader a livello mondiale, essendo al numero 5 della classifica delle "aziende più ammirate" di Fortune, al numero 10 della lista delle "aziende più rispettate al mondo" di Barron's e al 25° posto della lista delle "aziende più innovative al mondo" di Business Week (P&G, 2011).

P&G ha sia responsabilità che opportunità. La sua responsabilità è quella di essere un cittadino aziendale etico, mentre la sua opportunità è molto più grande e si concretizza nella sua strategia e nei suoi obiettivi. P&G unisce il suo personale in una causa comune e in una strategia di crescita. Come azienda promuove un'idea semplice, che è quella di migliorare la vita dei consumatori di tutto il mondo ogni singolo giorno. Le tattiche culturali di P&G riflettono l'opportunità di migliorare la vita delle persone attraverso e al di là dei suoi prodotti e servizi di marca. Lo dimostra anche il suo slogan: "Ogni anno investiamo 400 milioni di dollari per capire i consumatori" (P&G, 2012). Grazie alle grandi economie di scala, all'elevata concentrazione del settore, ai costi relativamente bassi (ed eventualmente agli elevati costi di uscita) e all'elevato vantaggio competitivo, P&G nel settore dei beni di consumo dovrebbe essere una delle aziende di maggior successo e redditizie (Hoopers et al, 2007).

4.2. LA STRATEGIA DI MARKETING DI P&G

Come dice Joan Lewis, responsabile della conoscenza globale dei consumatori e del mercato presso Procter & Gamble, "se non vi piacciono le persone, non entrate nella ricerca di marketing" (Precourt, 2011b, p.2). P&G ritiene che la chiave del successo sia vedere i prodotti con gli occhi del consumatore. P&G applica il marketing multiculturale da oltre mezzo secolo (Precourt, 2011a). La missione dell'azienda è costruire e promuovere marchi che soddisfino i consumatori. Poiché le esigenze e le richieste dei consumatori sono in continua evoluzione, l'azienda deve adattarsi a questi cambiamenti e offrire i migliori prodotti possibili ai suoi segmenti di mercato. La strategia dell'azienda consiste nel compiere passi importanti per espandere le proprie capacità in aree che le conferiscono un vantaggio competitivo e, allo stesso tempo, creare un senso di comunità più forte.

Inoltre, quando esplora ed esamina nuovi modelli di marketing, P&G cerca sempre di mettere i consumatori al centro di tutte le procedure di marketing. Nei suoi concetti pubblicitari, l'azienda cerca di essere innovativa e di mostrare al suo mercato target che i suoi prodotti sono unici e possono cambiare la loro vita (Stengel, 2004).

4.3. LE MOTIVAZIONI DI P&G PER LA STANDARDIZZAZIONE

Le economie di scala di un'azienda possono darle un vantaggio competitivo rispetto alle altre. In questo modo, l'azienda può aumentare la propria produzione e allo stesso tempo minimizzare i costi. Si tratta di un attributo particolare che solo le grandi aziende possono ottenere. Essendo Procter & Gamble una di queste, può facilmente sfruttare le sue economie di scala e avere successo sul mercato. Per applicare le economie di scala, è essenziale che un'azienda disponga di grandi quantità di beni, rendendo così difficile per i nuovi entranti competere con i prezzi e i costi di produzione (Hooper et al., 2007). Secondo la revisione della letteratura, le economie di scala sono uno dei principali vantaggi della standardizzazione, pertanto P&G applica schemi di standardizzazione ai suoi prodotti e servizi al fine di ridurre i costi e aumentare le entrate.

P&G ha ridotto le sue linee di prodotti in tutti i Paesi per creare design più semplici che si adattino a tutti i clienti a livello globale. Questa strategia ha senso perché i clienti non hanno bisogno di centinaia di versioni di prodotti diversi. L'azienda ha tratto vantaggio dalla sua strategia di creazione di prodotti standardizzati a livello globale, che rispondono alle esigenze dei clienti di tutto il mondo (Medina & Duffy, 1998).

Un altro motivo che spinge P&G ad applicare tattiche di standardizzazione è quello di mantenere il riconoscimento globale del marchio che ha già acquisito nel corso del tempo. Poiché la competitività dell'azienda si basa sul riconoscimento del marchio e sull'innovazione dei prodotti, l'obiettivo è mantenere alta l'immagine dell'azienda nella mente dei consumatori. L'uniformità del prodotto in termini di design/confezione e di attività promozionali nei diversi segmenti di mercato rende il marchio ancora più riconoscibile e aiuta l'azienda a mantenere un'immagine coerente del marchio (Hooper et al., 2007).

Infine, ma non meno importante, il miglioramento della pianificazione e del controllo delle attività dell'azienda, ottenuto grazie al coordinamento delle politiche di prezzo e allo sfruttamento delle buone idee secondo Buzzell (1968), è un motivo importante per P&G per applicare piani di marketing standardizzati.

4.4. LA STRATEGIA PUBBLICITARIA STANDARDIZZATA DI P&G

Secondo il direttore generale di P&G nel 2002, negli ultimi decenni la pubblicità non è più così facile come lo era molti anni fa. Oggi è molto più difficile influenzare i consumatori e differenziare le campagne dagli altri, dato che ci sono milioni di aziende che trasmettono i loro prodotti e servizi. La televisione è uno degli strumenti più efficaci per pubblicizzare i prodotti dell'azienda e raggiungere un pubblico di massa, ma per far arrivare il messaggio dell'azienda in tutto il mondo è importante una combinazione di TV, stampa, cartelloni, riviste, pubblicità radiofonica e una continua interazione con i consumatori.

Inoltre, il manager di P&G ha sostenuto che molti anni fa la strategia pubblicitaria dell'azienda era posizionata a livello locale. Questo doveva essere un punto debole del sistema, in quanto vi erano molte duplicazioni ed errori nella pubblicità. In questo modo, P&G ha centralizzato il processo decisionale in materia di pubblicità su base europea, ma si è sempre assicurata che le pubblicità fossero adattate a ciascun Paese specifico. Un esempio dei prodotti dell'azienda è la campagna "Always", che ha funzionato in tutti i mercati, ma le esecuzioni sono state fatte a livello locale. Secondo il manager di P&G, "l'importante è vincere sul mercato locale, ma questo non significa che ogni Paese crei le proprie pubblicità: cerchiamo di creare delle campagne. Se una campagna è molto potente in molte delle nostre categorie, funzionerà in tutti i Paesi. Le campagne di Pampers e Pantene funzionano nella maggior parte dei luoghi" (White, 2002, pag. 5).

Inoltre, Ida Liz Chacon, senior marketing manager del centro di competenza etnica di P&G, sostiene che Pampers è un marchio globale in quanto si rivolge a tutti i Paesi. "Un bambino è un bambino e una mamma è una mamma" (Precourt, 2011a, p.6). Le esigenze dei consumatori in questo caso particolare sono universali e abbastanza simili. Pertanto, Pampers sta cercando di creare la propria attività a livello globale e di adattare le comunicazioni di marketing a ciascun mercato specifico (Precourt, 2011a).

Obiettivo 1: In base a quanto detto sopra, P&G applica una strategia pubblicitaria standardizzata per trarre vantaggio dai suoi vantaggi e migliorare i suoi profitti e la sua immagine globale. Tuttavia, è molto attenta a questa implementazione, poiché pone i consumatori al centro di un intero processo in cui deve soddisfare i loro bisogni personali. In questo caso, secondo i direttori generali di P&G, standardizza le campagne pubblicitarie, ma allo stesso tempo ne localizza alcuni elementi in base al mercato di destinazione. Anche se una campagna pubblicitaria può essere standardizzata in tutti i Paesi, la sua esecuzione avviene a livello locale. Questa soluzione è perfetta per l'azienda e per qualsiasi altra azienda, poiché, in base alla revisione della letteratura, il metodo più efficace e redditizio per un'azienda è la combinazione di standardizzazione e adattamento dei suoi schemi pubblicitari.

4.5. CAMPAGNA PUBBLICITARIA DI P&G "GRAZIE MAMMA

P&G, partner olimpico mondiale, ha annunciato prima dei Giochi Olimpici l'intenzione di raccogliere circa 25 milioni di dollari per dire "Grazie mamma" e aiutare a creare e sostenere programmi sportivi giovanili in tutto il mondo, nell'ambito della partnership decennale con il Comitato Olimpico Internazionale (CIO) (P&G, 2012).

P&G ha lanciato la sua prima campagna pubblicitaria globale "Thank you mum" (Grazie mamma) con lo slogan "The hardest job is the best job" (Il lavoro più difficile è il migliore) durante il periodo dei Giochi Olimpici del 2012 a Londra. Questa particolare pubblicità è stata creata per riconoscere, celebrare e ringraziare le mamme di tutto il mondo per i loro grandi sforzi nel crescere i figli. Che si tratti delle mamme degli atleti che partecipano alle Olimpiadi o delle mamme della gente comune, il messaggio della pubblicità è quello di ringraziare tutte le mamme del mondo per il loro costante impegno nell'aiutare i figli a raggiungere i loro obiettivi e i loro sogni (P&G, 2012).

Il richiamo globale di questa campagna pubblicitaria è riconosciuto anche dall'utilizzo di persone comuni, una per ogni continente, nel tentativo di rappresentare tutte le parti del mondo. Inoltre, lo slogan è generato dal fatto che ha a che fare con un sentimento molto sensibile e allo stesso tempo emotivo: il sentimento della maternità, che è più o meno lo stesso in tutto il mondo.

Questa particolare pubblicità di P&G - "Thank you mum" - ha avuto un richiamo globale sui consumatori di tutto il mondo, che sono stati toccati e sensibilizzati dal messaggio che intendeva trasmettere. Si tratta di una pubblicità chiaramente emotiva, in quanto fa riferimento alla sensazione di essere madre e al sostegno che le mamme forniscono ai loro figli ogni giorno. Per questo lo slogan è un tentativo di ringraziare tutte le mamme del mondo per il loro contributo agli sforzi e ai risultati dei loro figli. Questo slogan è standardizzato in quanto rimane invariato nei diversi segmenti di mercato e si rivolge alla maggior parte dei consumatori di tutto il mondo. In diversi siti e forum online, i consumatori hanno sentito il bisogno di esprimere questo sentimento e di connettersi insieme per lo stesso scopo. Su Facebook, ad esempio, sono stati creati diversi gruppi per questo scopo speciale, al fine di motivare gli utenti a esprimere i loro sentimenti per le mamme: "Unisciti alle migliaia di persone che hanno detto 'Grazie mamma'".

Figura 1: Gruppo Facebook P&G

Si tratta di un'attività di marketing efficace, in quanto le persone coinvolte in questo incidente possono entrare automaticamente a far parte del gruppo dell'azienda mettendo "mi piace", "condividendo" o addirittura "postando commenti" su di esso. I sentimenti dei consumatori riguardo a questa campagna pubblicitaria sono stati indagati attraverso un questionario online. Nell'immagine sottostante è interessante vedere riflessi questi sentimenti.

Figura 2: Associazioni emotive con la campagna televisiva di P&G

5. ANALISI DEI RISULTATI DELLA RICERCA QUANTITATIVA

Nel capitolo seguente verrà presentata l'analisi dei dati della ricerca primaria. I risultati statistici sono stati elaborati con l'ausilio del programma statistico SPSS. Il capitolo è diviso in due sezioni: la descrizione del campione e l'analisi degli obiettivi. La descrizione del campione è la presentazione analitica e la discussione della sezione demografica del questionario. La parte principale del questionario è l'analisi degli obiettivi presentati nell'introduzione con l'aiuto di SPSS.

5.1. DESCRIZIONE DEL CAMPIONE

Il numero iniziale dei rispondenti al questionario era di N= 192. Tuttavia, dopo la pulizia dei dati è emerso che 12 intervistati avevano completato solo la prima pagina del questionario e 7 non l'avevano completata affatto. Pertanto, sono state considerate risposte non valide e non sono state prese in considerazione. Pertanto, il numero finale di risposte valide si è ridotto a N=173. Come illustrato di seguito, c'è stata una distorsione di genere, in quanto le femmine erano leggermente più numerose dei maschi. Inoltre, il numero di rispondenti di ciascun Paese non era lo stesso e questo è un fattore che non può essere controllato nei questionari online (Collis & Hussey, 2003). Tuttavia, il numero di intervistati di ciascun Paese è sufficiente a riflettere le differenze tra i tre Paesi, poiché le differenze non sono significative.

Genere

Il numero totale di maschi che hanno risposto al questionario è stato di 81 (46,8%) e quello delle femmine di 92 (53,2).

Paese

Di seguito viene presentato il numero di intervistati che hanno compilato il questionario per ciascun Paese. Come mostra la tabella 1, 57 persone provengono dalla Grecia (32,9%), 68 dal Regno Unito (39,3%) e 48 dagli Stati Uniti (27,7%). Si tratta di un tasso di risposta abbastanza equilibrato per ciascun Paese e offrirà una visione significativa delle differenze interculturali nel contesto della standardizzazione e dell'adattamento della pubblicità.

Paesi	Frequenza	Percentuale
Grecia	57	32.9%
REGNO UNITO	68	39.3%

STATI UNITI	48	27.7%

Tabella 1: Descrizione del Paese

Età

L'età degli intervistati è stata suddivisa, in base alla data di nascita, in gruppi compresi tra 24 e meno, 25-34, 35-44, 45-54 e 55 e più. La persona più anziana che ha compilato il questionario è nata nel 1939, mentre la più giovane nel 1994. L'anno medio di nascita degli intervistati è stato il 1986. Le percentuali di ciascuna categoria sono descritte nella tabella seguente.

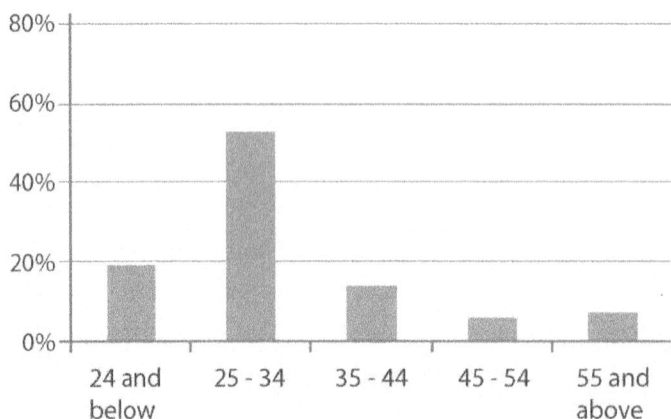

Figura 3: Gruppi di età del campione dell'indagine

Istruzione

Agli intervistati è stato chiesto anche di indicare il livello di istruzione raggiunto finora. Solo 2 persone hanno meno di un'istruzione liceale (1,2%), 29 diplomati (16,8%), 66 hanno conseguito una laurea (38,2), 54 un master (31,2%), 18 un dottorato (10,4%) e 4 hanno completato la formazione professionale (2,3%). L'istruzione si riflette ugualmente bene, dato che il gruppo più numeroso ha conseguito una laurea triennale, seguito da quello che ha conseguito un master.

Istruzione	Percentuale
Meno di una scuola superiore	1.2%
Diploma di scuola superiore	16.8%
Laurea triennale	38.2%
Laurea magistrale	31.2%

Dottorato di ricerca	10.4%
Formazione professionale	2.3%

Tabella 2: Grado di istruzione più elevato del campione dell'indagine

Occupazione

Lo status occupazionale si riflette altrettanto bene, dato che il gruppo più numeroso di età è quello compreso tra i 25 e i 34 anni e gli intervistati occupati a tempo pieno sono anche il gruppo più numeroso. Lo status occupazionale degli intervistati è stato suddiviso tra occupati part-time (9,8%), disoccupati (7,5%), studenti (23,1%), pensionati (4%), occupati a tempo pieno (44,5%) e lavoratori autonomi (11%).

Stato civile e figli

Lo stato civile di ciascuno degli intervistati è stato suddiviso in 5 categorie. 57 persone erano single (32,9%), in coppia 43 (24,9%), sposati 54 (31,2%), sposati senza figli che vivono in casa 14 (8,1%) e divorziati5 (2,9%). Queste percentuali sono di pari importanza, in quanto riflettono lo stile di vita degli intervistati e il modo in cui vedono e possono essere influenzati da pubblicità standardizzate e/o adattate .

Inoltre, agli intervistati è stato chiesto di rispondere alla domanda se avessero o meno figli. Le persone che hanno figli sono state 53 (30,6%), mentre quelle che non ne hanno sono state 120 (69,4%).

5.2. ANALISI DEGLI OBIETTIVI

In questa sezione gli obiettivi presentati nella parte introduttiva verranno discussi ed esaminati analiticamente in base ai risultati della ricerca.

Obiettivo 2a: Questo obiettivo consisteva nel misurare le convinzioni e gli atteggiamenti dei consumatori nei confronti delle campagne pubblicitarie standardizzate nei diversi Paesi. Il metodo utilizzato in SPSS è stato il test ANOVA a una via, normalmente utilizzato per più di due gruppi (Malhotra & Birks, 2007). Il test ANOVA della campagna P&G "Grazie mamma" non ha mostrato differenze significative tra i tre Paesi. La tabella del test è riportata nell'Appendice D. Nel frattempo, è stato eseguito un altro test ANOVA per misurare le convinzioni e gli atteggiamenti generali dei consumatori nei confronti della pubblicità standardizzata. Poiché il test ANOVA a senso unico mostra solo l'esistenza di una differenza, in questo caso era essenziale vedere l'effettiva differenza tra i Paesi. È stata quindi eseguita un'analisi Tukey Post-hoc. I risultati hanno mostrato che esistono discrepanze significative tra la Grecia e gli altri due Paesi,

Regno Unito e Stati Uniti, per quanto riguarda gli atteggiamenti e le convinzioni sulla pubblicità standardizzata. Confrontando la Grecia con il Regno Unito, la differenza media è stata di (-0,360), il che dimostra che il Regno Unito ha una media più alta rispetto alla Grecia e quindi il Regno Unito ha atteggiamenti più positivi verso la pubblicità standardizzata rispetto alla Grecia. La significatività tra questi due dati è pari a 0,048. Allo stesso modo, nel confronto tra Grecia e Stati Uniti, la differenza media è stata di -0,626, il che dimostra ancora una volta che i consumatori statunitensi mostrano un atteggiamento più positivo nei confronti della pubblicità standardizzata e la significatività riscontrata in questo caso è stata di 0,001. Tuttavia, quando il Regno Unito è stato confrontato con gli Stati Uniti, non è stata rilevata alcuna significatività tra questi due Paesi (0,218). È importante notare che per avere una differenza significativa, la significatività deve essere inferiore a 0,05 (Malhotra & Birks, 2007). Questi risultati mostrano che per quanto riguarda la campagna "Grazie mamma" non c'è significatività tra tutti e tre i Paesi, ma c'è una significatività tra la Grecia e gli altri due Paesi per quanto riguarda la pubblicità standardizzata in generale.

Obiettivo 2b: Allo stesso modo, questo obiettivo sarà esaminato per quanto riguarda le convinzioni e gli atteggiamenti dei consumatori nei confronti della pubblicità adattata. I risultati confermano l'obiettivo precedente, in quanto esiste una significatività (0,000) tra la Grecia e gli altri due Paesi (Regno Unito e Stati Uniti) e la differenza media è rispettivamente di (0,682) e (1,037). Il fatto che la differenza media sia positiva dimostra che la Grecia ha un atteggiamento più positivo nei confronti della pubblicità adattata rispetto al Regno Unito e agli Stati Uniti. Tuttavia, quando il Regno Unito è stato confrontato con gli Stati Uniti, non è stata rilevata alcuna significatività (0,101). Inoltre, è stata effettuata una tabulazione incrociata con un test del Chi-quadro per misurare le preferenze e gli atteggiamenti degli intervistati nei confronti della pubblicità stampata adattata. Secondo Malhotra & Birks (2007, pag. 516), "la tabulazione incrociata è una tecnica statistica che descrive due o più variabili contemporaneamente con un numero limitato di categorie o valori distinti". Per misurare la significatività delle variabili è stato utilizzato il test del chi-quadro. I risultati hanno mostrato che c'era una significatività nelle preferenze degli annunci stampati. È da notare che i consumatori greci hanno preferito la campagna statunitense e l'hanno ritenuta più influente, mentre i consumatori britannici hanno preferito le pubblicità stampate del Regno Unito e gli statunitensi quelle degli Stati Uniti. In generale, i consumatori greci mostrano un atteggiamento più favorevole nei confronti della pubblicità adattata, come è stato rilevato in precedenza, ma su questa particolare pubblicità stampata di Pantene hanno mostrato una preferenza per quella statunitense, il che dimostra che altri fattori possono aver influenzato questa preferenza. Le tabelle analitiche delle tabulazioni incrociate e dei test del Chi-quadro sono disponibili nell'Appendice A.

Obiettivo 3: Questo obiettivo deve misurare come le convinzioni dei consumatori sulla campagna pubblicitaria standardizzata di P&G influenzino la loro valutazione di quanto possano essere standardizzati i suoi componenti. In questo caso è essenziale utilizzare l'analisi di correlazione su SPSS. Il test di correlazione può essere eseguito quando ci sono solo variabili continue (ordinali o di scala), una indipendente e una dipendente. In questo caso, le variabili utilizzate erano tutte scale, quindi l'applicazione dell'analisi di correlazione è stata gestibile. Per essere significativo, il coefficiente di correlazione di Pearson deve essere inferiore a 0,05. In ogni caso, non c'è significatività. In ogni altro caso non c'è significatività tra le variabili. Il coefficiente di correlazione è un numero indice, compreso tra -1 e +1, che comunica la forza e la direzione della correlazione. Comunica la forza e la direzione della relazione lineare tra due variabili continue (Malhotra & Birks, 2007). I risultati hanno mostrato che esiste una significatività tra alcune convinzioni della pubblicità e alcune componenti della stessa. Nella tabella sottostante è facile vedere le diverse convinzioni sull'annuncio correlate alle componenti dell'annuncio che possono essere standardizzate. Per ogni relazione tra due variabili, vengono visualizzati il coefficiente di correlazione e la significatività. I numeri di significatività con il colore rosso indicano che ogni volta c'è una differenza significativa tra le due variabili. Tutte le altre relazioni non sono significative. Inoltre, i coefficienti di correlazione in grassetto indicano che esiste una forte relazione tra le due variabili. Secondo Burns & Bush (2007), i coefficienti che vanno da +/- 0,61 a 0,8 sono forti, superiori a +/- 0,8 sono molto forti e +/- 1 è perfetto. Tutti gli altri numeri sono deboli o non sono affatto forti. In questo caso, ci sono due relazioni molto forti. In primo luogo, l'immagine internazionale positiva dell'azienda è strettamente legata all'applicabilità del concetto e, in secondo luogo, l'armonizzazione delle differenze culturali e l'applicabilità dello slogan. Queste forti relazioni hanno senso in quanto una parte di ciascuna è strettamente connessa all'altra e sono interconnesse.

Obiettivo 4: Questo obiettivo deve misurare in che misura gli atteggiamenti generali dei consumatori influenzano la loro percezione della campagna pubblicitaria standardizzata di P&G "Grazie mamma". Per misurare questo obiettivo, è essenziale correlare gli atteggiamenti generali dei consumatori nei confronti della pubblicità standardizzata e la percezione che hanno della pubblicità P&G. È stato eseguito un test di correlazione per poter vedere le correlazioni tra questi due fattori. La tabella è disponibile nell'Appendice B. I risultati hanno mostrato che esiste una significatività tra l'atteggiamento positivo nei confronti di

			Applicabilità globale			
	Slogan		**Concetto**	**Testo**	**Scene**	**Persone**
Internazionale	Pearson	.053	.89	-.002	.212**	.158
Immagine	Sig.	.489	.243	.977	.005	.038
Riconoscimento	Pearson	.196**	.224**	.278**	.238**	.318**
	Sig.	.010	.003	.000	.002	.000
Culturale	Pearson	.084	.183	.205**	.179	.248**
Armonizzazione	Sig.	.274	.016	.007	.018	.001
Appello	Pearson	.345**	.355**	.174	.204**	.421**
	Sig.	.000	.000	.022	.007	.000
Personale	Pearson	.227**	.247**	.184	.161	.343**
Riflessione	Sig.	.003	.001	.015	.034	.000

Tabella 3: Matrice di correlazione tra applicabilità globale e convinzioni **.La correlazione è significativa a livello 0,01

pubblicità standardizzata e a) l'immagine internazionale dell'azienda (correlazione di Pearson 0,388), b) la pubblicità invariata nei vari Paesi (correlazione di Pearson 0,470), c) l'attrattiva che questa pubblicità esercita sui consumatori (correlazione P. 0,219) e d) il riflesso dei consumatori da parte delle persone utilizzate nella pubblicità (correlazione P. 0,201). Secondo Burns & Bush (2007) la prima relazione esaminata sopra, che ha un coefficiente di 0,388, dovrebbe essere debole. Allo stesso modo, la seconda correlazione, che ha un coefficiente di 0,470, è considerata moderata. La terza è debole e la quarta è molto debole. Questi risultati dimostrano che non esiste una relazione e una connessione importante tra gli atteggiamenti positivi dei consumatori nei confronti della standardizzazione e le parti della campagna pubblicitaria P&G "Grazie mamma".

Obiettivo 5: Secondo questo obiettivo, è essenziale correlare la misura in cui i consumatori considerano di successo gli elementi della campagna pubblicitaria di P&G e come questo influisce sulla misura in cui ritengono che possano essere standardizzati. L'analisi di correlazione è stata eseguita come sopra. I risultati hanno mostrato che molti elementi della pubblicità sono significativamente importanti con la misura in cui i consumatori li considerano di successo. In questo caso esiste solo una relazione molto forte tra il successo delle attività promozionali dell'azienda e l'applicabilità delle sue immagini/scene. La tabella analitica con tutte le correlazioni, significative e non, è riportata nell'Appendice C.

Obiettivo 6: Questo obiettivo cerca di trovare un collegamento tra la misura in cui i consumatori considerano l'uso di persone nell'annuncio pubblicitario di successo e il modo in cui questo può influenzare il modo in cui possono vedersi riflessi in esso. In questo caso, si utilizzerà nuovamente l'analisi di correlazione. I risultati hanno mostrato che queste due variabili sono significativamente correlate (0,00). Il coefficiente di correlazione è pari a 0,382, il che significa che secondo (Burns & Bush, 2007) questa relazione è debole.

6. DISCUSSIONE

In questa sezione i risultati dello studio di caso e l'analisi del questionario saranno discussi e collegati alla revisione della letteratura.

I risultati del caso di studio di P&G hanno dimostrato che l'azienda utilizza una campagna pubblicitaria standardizzata per beneficiare delle economie di scala e aumentare i profitti. È anche un modo efficace per mantenere l'immagine del marchio riconoscibile e memorabile nella mente dei consumatori. Inoltre, l'azienda migliora in questo modo la pianificazione e il controllo delle proprie attività e opera in modo più efficace. Secondo la letteratura, questi sono i principali vantaggi dell'implementazione di pratiche pubblicitarie standardizzate per un'azienda, soprattutto per una grande azienda come P&G, e possono darle un vantaggio competitivo rispetto alle altre. Poiché la concorrenza diventa sempre più intensa, solo le aziende che saranno produttive e redditizie potranno sopravvivere, svilupparsi e avere successo. Tuttavia, P&G non si limita ad applicare schemi di standardizzazione, ma cerca anche di adattarli a ogni cultura specifica. Secondo i direttori generali dell'azienda, P&G applica una pubblicità standardizzata, ma tiene sempre presente di localizzare le parti della pubblicità per soddisfare le richieste e gli standard del mercato di destinazione.

Inoltre, l'analisi del questionario ha mostrato che esistono differenze culturali tra i Paesi in termini di atteggiamenti e convinzioni sulla pubblicità standardizzata e adattata. In questo studio specifico sono stati esaminati tre Paesi, Regno Unito, Stati Uniti e Grecia, nel tentativo di riflettere tali differenze. I risultati hanno confermato le dissimmetrie culturali tra i diversi segmenti di mercato. La Grecia è risultata culturalmente diversa nelle preferenze, negli atteggiamenti e nelle convinzioni generali dei consumatori, a differenza del Regno Unito e degli Stati Uniti, culturalmente più simili. Secondo i risultati dell'indagine, i consumatori greci mostrano un atteggiamento più favorevole nei confronti della pubblicità adattata, mentre i consumatori britannici e statunitensi preferiscono maggiormente la pubblicità standardizzata. Secondo Hackley (2010), la comunicazione dello stesso messaggio tra culture diverse causa molte difficoltà. Poiché i valori culturali dovrebbero essere parte integrante della personalità dei consumatori (De Mooij & Hofstede, 2010), le aziende dovrebbero avere una "consapevolezza culturale" quando implementano strategie pubblicitarie internazionali (Unwin, 1974). Secondo Tian & Borges (2011), i fattori culturali sono gli ostacoli impercettibili nell'applicazione di schemi di marketing e pubblicità nei vari Paesi.

P&G sembra aver preso in seria considerazione queste differenze culturali, poiché i risultati relativi alla campagna pubblicitaria standardizzata "Grazie mamma" hanno dimostrato che la maggior parte dei consumatori di tutti e tre i Paesi ha mostrato un atteggiamento favorevole nei suoi confronti e l'ha trovata interessante e influente. Questo dimostra che, anche se le differenze culturali possono esistere tra i diversi Paesi, l'azienda ha cercato di ridurle al minimo utilizzando uno slogan e un concetto standardizzati e persone provenienti da tutto il mondo, in modo da rivolgersi a molti mercati target nonostante le differenze culturali.

Inoltre, secondo l'obiettivo 3, le convinzioni e gli atteggiamenti dei consumatori riguardo all'immagine generale della P&G influenzano la loro valutazione della standardizzazione del suo concetto pubblicitario. Ciò significa che l'immagine creata da un'azienda influenza i suoi schemi pubblicitari. L'armonizzazione delle differenze culturali nella campagna pubblicitaria "Grazie mamma" è strettamente connessa al suo slogan (essere mamma è il lavoro più difficile ma il più bello del mondo), il che è importante, poiché l'uso di questo slogan generale ha esercitato un grande fascino sui consumatori di diversi segmenti di mercato. Si tratta di un passo importante che P&G ha compiuto superando alcuni ostacoli legati alle differenze culturali tra i Paesi nell'attuazione delle sue politiche.

Secondo l'obiettivo 5, esiste una stretta connessione tra il successo della promozione dei prodotti P&G e la standardizzazione delle immagini/scene della pubblicità. Questo è logico perché è importante che una campagna pubblicitaria standardizzata abbia immagini/scene standardizzate, che si rivolgano a molti mercati target, in modo da avere successo nella promozione dei suoi prodotti. Infine, ma non per questo meno importante, in base all'obiettivo 6, non c'è una relazione particolare tra il successo delle persone comuni nello spot e la capacità dei consumatori di vedersi riflessi in esso. Ciò significa che, anche se i consumatori hanno risposto positivamente che considerano di successo l'uso di persone comuni utilizzate nello spot, non si sono necessariamente rispecchiati in esso.

I risultati relativi alla campagna pubblicitaria e alla stampa non possono essere generalizzati, poiché si tratta solo di esempi specifici di una determinata azienda. Ciò è confermato anche dal fatto che gli atteggiamenti e le convinzioni generali dei consumatori nei diversi Paesi possono essere diversi, ma per quanto riguarda la particolare pubblicità di P&G, i loro atteggiamenti e le loro percezioni sono molto simili e convergenti.

7. CONCLUSIONI

Lo scopo di questa ricerca era quello di comprendere meglio la standardizzazione/adattamento della pubblicità internazionale delle aziende multinazionali. Per questo motivo, Procter & Gamble è stata scelta come esempio illustrativo ed è stata esaminata a fondo come caso di studio. Questa dissertazione ha inizialmente presentato l'ampia teoria della standardizzazione e dell'adattamento, che è stata discussa analiticamente in termini di vantaggi e svantaggi per le intenzioni di applicabilità e sono state individuate alcune lacune nella conoscenza. Nonostante il lungo dibattito tra studiosi e professionisti, non esiste una definizione chiara di standardizzazione e di quali siano i fattori che la influenzano, poiché ogni autore fornisce una propria prospettiva. Il grado di standardizzazione della pubblicità non può essere misurato con precisione, anche se questa ricerca ha cercato di identificare e valutare questo grado dal punto di vista delle aziende e dei consumatori. La domanda principale della ricerca è stata suddivisa in 6 obiettivi, in modo da rendere più facile per la ricercatrice trovare risposte alla sua ricerca.

Dal punto di vista dell'azienda, il grado di applicazione della pubblicità standardizzata non può essere fissato e dipende dall'azienda e dai suoi mercati di riferimento. La soluzione migliore per un'azienda, per avere successo e profitto, è combinare sia gli schemi standardizzati che quelli adattivi. Secondo alcuni autori sono entrambi interconnessi e non possono esistere separatamente. In questo modo, l'azienda beneficia delle sue economie di scala, della sua immagine di marca e del buon controllo e pianificazione delle sue attività grazie alla standardizzazione e, allo stesso tempo, adatta le sue campagne pubblicitarie alle culture locali in modo da soddisfare le aspettative dei consumatori. P&G applica questa procedura ed è riuscita a diventare un'azienda leader nel settore dei beni di consumo. Applica una pubblicità standardizzata in tutti i Paesi, ma ne localizza alcuni elementi per essere in linea con le esigenze e le richieste del mercato di destinazione.

Dal punto di vista del consumatore, è stato progettato un questionario online che è stato inviato ai consumatori di tre diversi Paesi: Regno Unito, Stati Uniti e Grecia. A un campione di 173 rispondenti è stato chiesto di esprimere le loro preferenze e i loro atteggiamenti nei confronti di una serie di pubblicità standardizzate e adattate. I risultati hanno dimostrato che esistono differenze culturali nelle convinzioni e negli atteggiamenti dei consumatori tra la Grecia e gli altri due Paesi. I consumatori greci hanno mostrato un atteggiamento più favorevole nei confronti della pubblicità adattata, mentre i consumatori britannici e statunitensi hanno preferito maggiormente la pubblicità standardizzata. Tuttavia, nella particolare pubblicità di P&G "Grazie mamma", la maggioranza dei consumatori ha mostrato un atteggiamento positivo nei suoi confronti. Inoltre, le convinzioni dei consumatori su questa pubblicità standardizzata, come è stato rilevato, influenzano la loro valutazione di come i suoi elementi possano essere standardizzati. In particolare, l'immagine dell'azienda era strettamente legata alla standardizzazione del concetto di pubblicità e all'armonizzazione delle differenze culturali con lo slogan dell'annuncio. Inoltre, come già detto, l'atteggiamento generale dei consumatori nei confronti della standardizzazione della pubblicità non influisce in modo significativo sulla loro percezione di questa particolare pubblicità. Un altro dato emerso dalla ricerca è che, poiché i consumatori considerano alcune parti della pubblicità di successo, ad esempio le attività promozionali, ritengono che possano essere facilmente standardizzate in tutti i Paesi. Infine, anche se la ricerca è piaciuta alla maggior parte dei consumatori, non c'è stata una stretta relazione con il fatto che rifletta la loro personalità.

8. LIMITI DELLA RICERCA

Come ogni studio, anche questa ricerca non è priva di limiti. La ricerca è stata condotta solo su un campione di tre Paesi e quindi non può essere generalizzata. Il campione totale era di 173 persone, un numero sufficiente per avere un piccolo assaggio di tre culture, ma non soddisfacente per generalizzare i risultati all'intera popolazione. Inoltre, i risultati di questa indagine sono validi solo per le pubblicità specifiche utilizzate. Anche se la scelta delle pubblicità è stata la più accurata possibile, in modo da aiutare i consumatori a distinguere la differenza tra pubblicità standardizzata e adattata, è possibile che non siano completamente rappresentative.

9. INDICAZIONI PER ULTERIORI RICERCHE E IMPLICAZIONI MANAGERIALI

Per quanto riguarda ulteriori ricerche, alcuni studi empirici aggiuntivi potrebbero supportare questi risultati. Per esempio, si potrebbe esaminare un campione più ampio della popolazione di ciascun Paese, in modo da essere più rappresentativo. Inoltre, includere altri Paesi nel processo di ricerca, ad esempio la Cina o altri Paesi asiatici, renderebbe la ricerca più interessante. La scelta delle inserzioni pubblicitarie potrebbe non rispecchiare gli scopi di questo studio. Pertanto, per confermare o argomentare i risultati, dovrebbero essere condotti ulteriori studi con un'altra serie di pubblicità. Nonostante i limiti e alcuni problemi di questa ricerca, essa offre una visione approfondita della comprensione e dello "sguardo attraverso gli occhi dell'azienda e del consumatore" per misurare e valutare il grado di standardizzazione della pubblicità.

Dal punto di vista manageriale, i risultati di questa ricerca sono importanti per migliorare le loro strategie pubblicitarie e diventare più competitivi. Innanzitutto, i manager delle multinazionali possono vedere la standardizzazione della pubblicità dal punto di vista del consumatore. È essenziale per un marketer internazionale sapere quali parti della pubblicità devono essere standardizzate e quali devono essere adattate alla cultura locale. Questa ricerca fornisce alcune linee guida per l'analisi degli elementi che compongono una pubblicità. Fornisce indicazioni su quali parti della pubblicità contribuiscono maggiormente alla percezione della standardizzazione. Tuttavia, questi risultati si basano su queste particolari pubblicità e non possono essere generalizzati. Un professionista che voglia misurare il grado di standardizzazione della sua campagna pubblicitaria dovrebbe fare un'indagine basata sui consumatori target e sulle loro percezioni per poter misurare questo grado.

RIFERIMENTI

Agrawal, M, (1995) "Review of a 40-year debate in international advertising: practitioner and academician perspectives to the standardisation/adaptation issue", International Marketing Review, Vol. 12 Iss: 1, pp. 26-48.

Alimiené, M, & Kuvykaité, R (2008), "Standardizzazione/Adattamento delle soluzioni di marketing nelle aziende che operano nei mercati esteri: An Integrated Approach", Engineering Economics, 56, 1, pp. 37-47.

Baalbaki, B & Malhotra, K (1993), "Standardisation versus customization in international marketing: an investigation using bridging conjoint analysis", Journal of the Academy of Marketing Science, 23, 3, pp. 182-194.

Backhaus, K, & Van Doorn, J 2007, "Consumer Perceptions of Advertising Standardisation: A CrossCountry Study of Different Advertising Categories", International Management Review, 3, 4, pp. 37-49.

Backhaus, K, Mühlfeld, K, & Van Doorn, J (2001), "Consumer Perspectives on Standardisation in International Advertising: A Student Sample", Journal of Advertising Research, 41, 5, pp. 53-61.

Boddewyn, J, Soehl, R & Picard, J, (1986), "La standardizzazione nel marketing internazionale: Ted Levitt ha ragione?". Harvard Business Review, pagg. 69-75.

Britt, H, (1974), "Standardizzare il marketing per il mercato internazionale", Columbia Journal of World Business, 9, pp.39-45.

Burns, A.C. & Bush, R.F. (2007) Ricerca di marketing: Applicazione della ricerca online. 4° edn. Cina: Pearson Education North Asia.

Buzzell, RD (1968), "Si può standardizzare il marketing multinazionale?", Harvard Business Review, 46, 6, pagg. 102-113.

Cavusgil, S, & Cavusgil, E (2012), "Riflessioni sul marketing internazionale: rigenerazione distruttiva e imprese multinazionali", Journal of The Academy of Marketing Science, 40, 2, pp. 202-217.

Cavusgil, S, Deligonul, S, & Yaprak, A (2005), "International Marketing as a Field of Study: A Critical Assessment of Earlier Development and a Look Forward", Journal Of International Marketing, 13, 4, pp. 1-27.

Collis, J. & Hussey, R. (2003) Ricerca aziendale: Una guida pratica per studenti universitari e postuniversitari. 2a ed. Hampshire: Palgrave Macmillan.

Cui, G, Yang, X, Wang, H, & Liu, H (2012), "Messaggi culturalmente incongruenti nella pubblicità internazionale", International Journal of Advertising, 31, 2, pp. 355-376.

Cutler, B, Javalgi, R, & Erramsilli, M (1992), "The Visual Components of Print Advertising: A Five- country Cross-cultural Analysis", European Journal Of Marketing, 26, 4, pp. 7.

Datamonitor, (2011), "The Procter & Gamble Company, Procter & Gamble SWOT Analysis", disponibile all'indirizzo: http://search.ebscohost.com/login.aspx?direct=true&db=bth &AN=61332482&site=ehost-live (accesso: 15 agosto 2012).

Datamonitor, (2010), "Company Spotlight: Procter & Gamble", disponibile all'indirizzo: http://search.ebscohost.com/login.aspx?direct=true&db=bth&AN=48594605&site=ehost-live (accesso: 15 agosto 2012).

Dawson, C, (2002), Metodi pratici di ricerca: Una guida facile da usare per padroneggiare le tecniche e i progetti di ricerca. Regno Unito: How to Books Ltd.

De Mooij, M, & Hofstede, G (2010), "Il modello di Hofstede", International Journal Of Advertising, 29, 1, pp. 85-110.

De Mooij, M.K, (1998), Marketing e pubblicità globali: Understanding Cultural Paradoxes, California: Sage Publications.

Deleersnyder, B, Dekimpe, M, Steenkamp, J, & Leeflang, P (2009), "The Role of National Culture in Advertising's Sensitivity to Business Cycles: An Investigation across Continents", Journal of Marketing Research (JMR), 46, 5, pp. 623-636.

Douglas, S, & Wind, Y (1987), "Il mito della globalizzazione", Columbia Journal Of World Business, 22, 4, p. 19.

Duncan, T, & Ramaprasad, J (1995), "Pubblicità multinazionale standardizzata: The Influencing Factors", Journal of Advertising, 24, 3, pp. 55-68.

Farasyn, I, Humair, S, Kahn, J, Neale, J, Rosen, O, Ruark, J, Tarlton, W, Van De Velde, W, Wegryn, G, & Willems, S (2011), "Inventory Optimization at Procter & Gamble: Achieving Real Benefits Through User Adoption of Inventory Tools", Interfaces, 41, 1, pp. 66-78.

Green, T, Cunningham, H & Cunningham, C, (1975), "L'efficacia della pubblicità globale standardizzata", Journal of Advertising, 4, pp.25-30.

Gregory, G, & Munch, J (1997), "Valori culturali nella pubblicità internazionale: An Examination of Familial Norms and Roles in Mexico", Psicologia e Marketing, 14, 2, pp. 99-119.

Hackley, C., (2010), "Pubblicità e promozione: An Integrated Marketing Communications Approach", 2a edizione, Sage Publications Ltd, Londra.

Harris, G (1994), "Standardizzazione della pubblicità internazionale: What Do the Multinationals Actually Standardize?", Journal Of International Marketing, 2, 4, pp. 13-30.

Harris, G (1996), "Pubblicità internazionale: Developmental and Implementational Issues", Journal of Marketing Management, 12, 6, pp. 551-560.

Harvey, MG (1993), "Point of View: A Model to Determine Standardisation of the Advertising Process in International Markets", Journal Of Advertising Research, 33, 4, pagg. 57-64.

Hite, R, & Fraser, C (1990), "Configurazione e coordinamento della pubblicità globale", Journal of Business Research, 21, 4, pp. 335-344.

Hooper, B, Yenzer, T, Yosten, N & Bradford, D, (2007), "Procter & Gamble: Equity Valuation & Analysis", pagg. 1-141.

Jain, C, (1989), "Standardizzazione della strategia di marketing internazionale: alcune ipotesi", Journal of Marketing, 53, 1, pp. 70-79.

James, L, & Hill, S, (1991), "Messaggi pubblicitari internazionali: adattarsi o non adattarsi", Journal of Advertising Research, 31, 3, pp. 65-71.

Kanso, A, (1992), "Strategie pubblicitarie internazionali: Global Commitment to Local Vision", Journal of Advertising Research, pagg. 10-14.

Katsikeas, C, Samiee, S, & Theodosiou, M (2006), "Strategy fit and performance consequences of international marketing standardisation", Strategic Management Journal, 27, 9, pp. 867-890.

Kotabe, M., & Helsen, K. (2004), Global Marketing Management, 3a edizione, Danvers, MA: John Wiley & Sons.

Kothari, C.R., (2005), Metodi e tecniche della metodologia di ricerca, seconda edizione. Nuova Delhi: New Age International Publishers Ltd.

Kotler, P, (1986), "Standardizzazione globale - Pericolo in agguato", The Journal of Consumer Marketing, 3, 2 pp. 13-15.

Kumar, R, (2011), Research Methodology-A step-by-step guide for beginners. Terza edizione, Singapore: Sage Publications.

Levitt, T (1984), "La globalizzazione dei mercati", McKinsey Quarterly, 3, pp. 2-20.

Malhotra, N.K. & Birks, D.F. (2007) Marketing Research: An Applied Approach. 3a ed. Essex: Prentice Hall.

Medina, J, & Duffy, M (1998), "Standardizzazione vs. globalizzazione: una nuova prospettiva delle strategie di marca", Journal of Product & Brand Management, 7, 3, pp. 223-243.

Melewar, T, & Vemmervik, C (2004), "Strategia pubblicitaria internazionale: A review, reassessment and recommendation", Management Decision, 42, 7, pp. 863-881.

Nikolaos Papavassiliou, Vlasis Stathakopoulos, (1997) "Standardizzazione e adattamento delle strategie pubblicitarie internazionali: Towards a framework", European Journal of Marketing, 31, 7, pp.504-527.

Onkvisit, S, & Shaw, J (1987), "La pubblicità internazionale standardizzata: A Review and Critical Evaluation of the Theoretical and Empirical Evidence", Columbia Journal of World Business, 22, 3, pp.43-55.

Onkvisit, S, & Shaw, J (1999), "Pubblicità internazionale standardizzata: Some Research Issues and Implications", Journal of Advertising Research, 39, 6, pp. 19-24.

P&G, (2011), "Commitment to Everyday Life", Sustainability Overview, pagg. 1-28.

Pae, J, Samiee, S & Tai, S, (2002), "Strategia pubblicitaria globale: The moderating role of brand familiarity and execution style", International Marketing Review, 19, 2 pp.176-189.

Porter, M., (1986), Competition in global industries, Harvard Business School Press, Boston.

Precourt, G, (2011a), "Il nuovo approccio di Procter & Gamble alle ricerche di mercato", Event Reports, pp. 2-4.

Precourt, G, (2011b), "Mettere la teoria in pratica: Procter & Gamble's multicultural initiatives", Event Reports, ANA Multicultural, pp. 2-8.

Sito ufficiale di Procter & Gamble (2012), disponibile all'indirizzo: http://www.pg.com (accesso: 10 agosto 2012).

Richen, A, & Steinhorst A (2005), "Standardizzazione o armonizzazione? Servono entrambe", pagg. 1-5.

Ruzevicius, J, & Ruzeviciùté, R (2011), "Standardizzazione e adattamento nella pubblicità internazionale: The concept and case study of cultural and regulatory peculiarities in Lithuania", Current Issues of Business & Law, 6, 2, pp. 286-301.

Ryans Jr, David A. Griffith, D. Steven White, (2003), "Standardizzazione/adattamento della strategia di marketing internazionale: Necessary conditions for the advancement of knowledge", International Marketing Review, 20, 6, pp. 588-603.

Ryans Jr., J, & Donnelly Jr., J (1969), 'Standardised Global Advertising, a Call As Yet Unanswered', Journal Of Marketing, 33, 2, pp. 57-60.

Saunders, M., Lewis, P. & Thornhill, A. (2007) Research Methods for Business Students. 4a ed. Harlow: Pearson Education Ltd.

Schilke, O, Reimann, M, & Thomas, J (2009), "When Does International Marketing Standardisation Matter to Firm Performance?", Journal Of International Marketing, 17, 4, pp. 24-46.

Sekaran, U, 2003, 'Research Methods for Business', 4a edizione, John Wiley & sons Inc. New York.

Shaoming Zou, David M. Andrus, D. Wayne Norvell, (1997), "Standardizzazione della strategia di marketing internazionale da parte delle imprese di un paese in via di sviluppo", International Marketing Review, 14, 2, pp.107 - 123.

Sharon O'Donnell, Insik Jeong, (2000) "Marketing standardisation within global industries: An empirical study of performance implications", International Marketing Review, 17, 1, pp.19-33,

Shoham, A (1995), "Standardizzazione del marketing globale", Journal of Global Marketing, 9, 1/2, pp. 91.

Solberg, C (2002), "La questione perenne dell'adattamento o della standardizzazione della comunicazione di marketing internazionale: Organizational Contingencies and Performance", Journal Of International Marketing, 10, 3, pp. 1-21.

Stengel, J, (2004), "Una missione di leadership; il momento del cambiamento è adesso: The Procter & Gamble Company", ANA Magazine, pagg. 2-7.

T. J. Domzal e J. B. Kernan, (1993), "Specchio, specchio: Alcune riflessioni postmoderne sulla pubblicità globale", Journal of Advertising 22.

Tai, S & Pae J, (2001), "Localizzare o standardizzare la pubblicità? Il punto di vista dei consumatori cinesi", Association for Consumer Research, 4, pp. 210-216.

Theodosiou, M, & Leonidou, L (2003), "Standardisation versus adaptation of international marketing strategy: an integrative assessment of the empirical research", International Business Review, 12, 2, p. 141.

Tian, K, & Borges, L (2011), "Questioni interculturali nella comunicazione di marketing: Un'analisi antropologica Perspective of International Business", International Journal Of China Marketing, 2, 1, pp. 110-126.

Unwin, S, (1974), "Come la cultura influenza le espressioni pubblicitarie e lo stile di comunicazione", Journal of Advertising, 3, pp. 24-27.

Walters, P, (1986), "La politica di marketing internazionale: A Discussion of the Standardisation Construct and its

Relevance for Corporate Policy", Journal of International Business Studies, 17, 2, pagg. 55-69.

White, R, (2002), "Ascoltare il capo - il punto di vista di P&G su come conquistare i consumatori", Admap, pp. 2-8.

Whitelock, J, & Djamala, C, (1989), "Cross-cultural Advertising: An Empirical Study", International Journal of Advertising, 8, 3, pp. 291-310.

Yankelovich, D & Meer, D, (2006), "Rediscovering Market Segmentation", Harvard Business Review, pagg. 1-11.

Zikmund, W. G, (1994), "Business Research Methods", Harcourt Brace College, 4a ed., New York.

APPENDICI

A. RISULTATI SPSS - TABELLA INCROCIATA DELLE PREFERENZE PER GLI ANNUNCI PUBBLICITARI SULLA STAMPA E PAESI

Tabulazione incrociata: Annuncio stampa - I più apprezzati X Paese

		Paese di residenza			Totale
		Grecia	REGNO UNITO	STATI UNITI	
Annuncio stampa	Annuncio UK	10	33	4	**47**
Preferenza	Annuncio USA	29	29	39	**97**
	Annuncio Grecia	18	6	5	**29**
Totale		**57**	**68**	**48**	**173**

Nota: Valore del Chi-quadro di Pearson: 32,609 (df = 4; Sig. = .000)

Tabulazione incrociata: Pubblicità su stampa - Immagine riflessa X Paese

		Paese di residenza			
		Grecia	REGNO UNITO	STATI UNITI	**Totale**
Stampa Annuncio Rifletti	Annuncio UK	8	45	3	**56**
Immagine	Annuncio USA	20	10	40	**70**
	Annuncio Grecia	29	13	5	**47**
Totale		**57**	**68**	**48**	**173**

Nota: Valore del Chi-quadro di Pearson: 91,778 (df = 4; Sig. = .000)

Tabulazione incrociata: Annuncio stampa - Meno interessante X Paese

	Paese di residenza			
	Grecia	REGNO	STATI	**Totale**

49

		UNITO	UNITI		
Stampa Annuncio					
Meno	Annuncio UK	26	11	26	**63**
Interessante	Annuncio USA	14	20	1	**35**
	Annuncio Grecia	17	37	21	**75**
Totale		**57**	**68**	**48**	**173**

Nota: Valore del Chi-quadro di Pearson: 28,628 (df = 4; Sig. = .000)

Tabulazione incrociata: Pubblicità su carta stampata - Maggiore influenza X Paese

		Paese di residenza			
		Grecia	REGNO UNITO	STATI UNITI	**Totale**
Pubblicità su					
stampa La maggior					
parte	Annuncio UK	10	33	4	**47**
Influenzare	Annuncio USA	29	29	39	**97**
	Annuncio Grecia	18	6	5	**29**
Totale		**57**	**68**	**48**	**173**

Nota: Valore del Chi-quadro di Pearson: 38,694 (df = 4; Sig. = .000)

B. RISULTATI SPSS - MATRICE DI CORRELAZIONE DI ATTEGGIAMENTI E CONVINZIONI

		Standardizzazione dell'atteggiamento positivo	Atteggiamento positivo Adattamento	Adattato Gli annunci standardizzati sono meno interessanti	Gli annunci riflettono i valori del paese
Immagine internazionale	Pearson	.388**	-.079	-.253**	-.049

Facilmente riconoscibile	Sig.	.000	.303	.001	.526
Gli stessi annunci sono facilmente	Pearson	.470**	-.233**	-.244**	-.099
Memorizzato	Sig.	.000	.002	.001	.193
Ridurre la cultura	Pearson	.046	-.015	-.034	.025
Differenze	Sig.	.552	.840	.654	.745
L'annuncio mi piace	Pearson	.219**	-.045	-.152	.076
	Sig.	.004	.555	.046	.317
Diverse nazionalità	Pearson	.201**	-.064	-.082	.107
riflettetemi	Sig.	.008	.402	.283	.163

**.La correlazione è significativa a livello 0,01

C. RISULTATI SPSS - MATRICE DI CORRELAZIONE DEL SUCCESSO DEGLI ANNUNCI TELEVISIVI

E APPLICABILITÀ GLOBALE

Applicabilità globale di...		Successo della pubblicità televisiva di		
		Tutti i giorni Persone	Prodotto Promozione	Slogan
Slogan	Pearson	.254**	.042	.522**
	Sig.	.001	.587	.000
Concetto	Pearson	.299**	.051	.308**
	Sig.	.000	.506	.000
Testo/Speech	Pearson	.221**	.122	.269**
	Sig.	.003	.110	.000
Immagini/Scene	Pearson	.259**	.080	.194
	Sig.	.001	.296	.011

	Pearson	.393**	.151	.333**
Persone partecipanti		.000	.048	.000

**.La correlazione è significativa a livello 0,01

D. RISULTATI SPSS - TEST TUKEY POST HOC: ATTEGGIAMENTO GENERALE

E CORTOMETRAGGI

Variabile dipendente	(I) Paese	(J) Paese	Differenza media (I-J)	Sig.
	Grecia	REGNO UNITO	-.360	.048
Atteggiamento verso		STATI UNITI	-.626	.001
standardizzato	REGNO UNITO	Grecia	.360	.048
la pubblicità è positiva		STATI UNITI	-.266	.218
	STATI UNITI	Grecia	.626	.001
		REGNO UNITO	.266	.218
	Grecia	REGNO UNITO	.682	.000
		STATI UNITI	1.037	.000
Atteggiamento verso	REGNO UNITO	Grecia	-.682	.000
la pubblicità adattata è		STATI UNITI	.355	.101
positiva	STATI UNITI	Grecia	-1.037	.000
		REGNO UNITO	-.355	.101
	Grecia	REGNO UNITO	.532	.008

52

			STATI UNITI .918		.000
Standardizzato		REGNO UNITO	Grecia	-.532	.008
Le pubblicità sono meno			STATI UNITI .386		.095
interessanti		STATI UNITI	Grecia	-.918	.000
			REGNO UNITO	-.386	.095
		Grecia	REGNO UNITO	.206	.455
Preferenza di			STATI UNITI	-.373	.117
adattamento.		REGNO UNITO	Grecia	-.206	.455
e Ads in quanto riflettono					
valori e percezioni dei			STATI UNITI	-.578	.004
paesi		STATI UNITI	Grecia	.373	.117
			REGNO UNITO	.578	.004

Milton Keynes UK
Ingram Content Group UK Ltd.
UKHW030143051224
452010UK00001B/174